Leopold von Sacher-Masoch

Ungarns Untergang und Maria von Österreich

Leopold von Sacher-Masoch

Ungarns Untergang und Maria von Österreich

ISBN/EAN: 9783743328679

Hergestellt in Europa, USA, Kanada, Australien, Japan

Cover: Foto ©ninafisch / pixelio.de

Manufactured and distributed by brebook publishing software
(www.brebook.com)

Leopold von Sacher-Masoch

Ungarns Untergang und Maria von Österreich

UNGARNS UNTERGANG

UND

MARIA VON OESTERREICH.

Zum Theil nach Urkunden des k. k. Staatsarchivs zu Wien

von

Dr. Leopold Ritter von Sacher-Masoch.

LEIPZIG,

T. O. WEIGEL.

1862.

UNGARNS UNTERGANG

UND

MARIA VON OESTERREICH.

I. Ungarn.

Das Königreich der Magyaren befand sich zu Anfang des sechszehnten Jahrhunderts in derselben Lage wie Polen vor der ersten Theilung. Der Welttheil sah dem Untergange Ungarns entgegen.

Das Entstehen und der Verfall des magyarischen Reiches werden die Betrachtung der Welt, Europa's, Oesterreichs stets auf sich lenken, so oft die letzten Zuckungen der Nationalität, ähnlich dem erschütternden aber fruchtlosen Ringen des inneren Feuers gegen die Bildung der Erde, die menschliche Gesellschaft, ihre Entwicklung zur Erkenntniss und zur Freiheit bedrohen.

Nicht blos einer dem übrigen Europa fremden Nationalität, sondern sogar einer fremden, asiatischen Race angehörig, haben die Magyaren in der That ihre Stammeseigenthümlichkeit in weit höherem Grade bewahrt, als irgend ein anderes Volk des gebildeten Welttheils, obwohl die umlagernden Millionen Fremder dieses kleine Volk zwangen, dem uralten Wander- und Eroberungstriebe zu entsagen und sich dem raschen Gange der europäischen Entwicklung zu unterwerfen. Das Christenthum, die Kreuzzüge, Humanismus und Reformation, die Entdeckung einer neuen Welt, das Zeitalter der Revolution, alle jene Bewegungen, welche die Völker Europa's allmälig in eine grosse Familie

1

verwandelt haben, sind an dem mongolischen Charakter des Magyaren beinahe spurlos vorübergegangen. An Zahl zu schwach sich selbst zu entwickeln, dem europäischen Elemente Widerstand zu leisten, war der Magyare durch die Zähigkeit seiner Race stark genug, die Wirkungen desselben auszuhalten. Sie konnten seine Formen, nicht sein Wesen verändern. Der schroffe Gegensatz, das immerwährende Ringen des asiatischen Charakters mit dem europäischen hinderte sein Volk, sich zu einem lebensfähigen staatlichen und nationalen Organismus zu entwickeln. Endlich vollkommen von dem europäischen Elemente unterworfen, ist es jetzt nach drei Jahrhunderten demselben ebensowenig assimilirt als damals, wo die ersten magyarischen Reiter dem Laufe der Sonne folgend durch die Theiss schwammen.

Die Magyaren führte jene grosse Wanderung der Völker nach Europa, welche durch Jahrhunderte die alte Welt überflutete und dieselbe vollkommen umgestaltete. Wie ein elektrischer Funke hatte sich der Wandertrieb der Mongolen allen Stämmen weisser und gelber Race zwischen Ural und Himalaja, dem schwarzen und gelben Meere mitgetheilt. Die Kaukasen erfüllten Europa und begannen sich hier einzurichten, die Mongolen ergossen sich in die asiatischen Sitze derselben und drängten nach. Das Weltmeer im Rücken kämpften die Kaukasen den Kampf der Verzweiflung und wiesen die Andringenden immer wieder nach Asien zurück. Nur im äussersten Norden Europa's konnten sich finnische Schaaren ansiedeln und andere von dem Hauptstamme versprengte, von finnisch-mongolischen und slawischen Völkern lange hin und her getrieben, durch das Ringen der Germanen und Slawen in Mitteleuropa begünstigt, zwischen den Karpathen und dem Balkan ein Reich gründen.

Ein kleines aber kriegerisches Reitervolk, stürmten die Magyaren in die fruchtbare pannonische Ebene und besetzten dieselbe, die Deutschen gegen die Alpen, die Slawen gegen

Karst und Karpathen, die Walachen gegen den Balkan drängend. Zur Zeit dieser Ansiedlung unabhängig von europäischen Einflüssen, zeigten ihre Einrichtungen denselben patriarchalischen Charakter wie jene der übrigen Völker ihrer Race. Abgeschlossen von dem Leben des Welttheils hätte die selbständige Ausbildung eines magyarischen Reiches ein europäisches China geschaffen. Der Staat ist eine Familie. Der Vater, das Haupt einer Familie, wird. ein Stammeshaupt und endlich ein Oberhaupt der Stämme, ein Monarch, der Vater der Volksfamilie. Er ordnet, einen Familienrath, den Rath der Stammeshäupter, an der Seite, alle Angelegenheiten, belohnt und straft. Die Hand des Vaters verunehrt nicht und der kluge Chinese bezeichnet die Regierung und den Stock mit demselben Schriftzeichen.

Wie die Häupter der grossen Stämme der Tataren, ehe sie aus Asien zogen, den Temudschin zum Dschingischan erhoben, so wählten die Stammeshäupter der Magyaren, ehe sie die Eroberung Ungarns begannen, den Vater Arpads, Almos, zum Oberhaupte. Sie schlossen mit ihm einen Bund, der sie verpflichtete, sich fortan den Fürsten aus dem Geschlechte Arpads zu wählen; ihm dagegen, die Angelegenheiten seines Volkes nur nach Berathung mit den Stammeshäuptern zu ordnen. So richteten sie sich in Ungarn ein, als das Land erobert, seine Einwohner theils vertrieben, theils unterworfen waren. Eifersüchtig bewachten die Häupter ihre Rechte nach oben wie nach unten. Sie hinderten den Fürsten seine Macht über sie zu erhöhen, die Stammesglieder sich ihrer Gewalt zu entziehen.

Die Niederungen an der Donau und Theiss schienen den Magyaren geeignet, das Leben fortzusetzen, das sie auf den Steppen und Weideplätzen des nördlichen Asiens geführt.

Der Magyare lernte früher reiten als gehen. Sein halbes Leben verschlief er, die andere Hälfte war er im Sattel. Ihn nährten seine Heerden, sein Pferd. Wozu den Acker bestellen, wenn der Nachbar, im Schweisse seines Angesichts, alle Schätze des Erdreiches zu heben verstand.

In kleineren und grösseren Horden streiften die Magyaren in die angrenzenden Länder der Deutschen und Slawen und kehrten mit Beute beladen nach Hause. Sie wurden bald wie vordem Hunnen und Awaren der Schrecken Europa's. Jetzt erschienen sie in Baiern und jetzt in Oberitalien, sie plünderten Oesterreich, streiften bis Capua und in das südliche Frankreich.

Treu der Kampfessitte der mongolischen Race kämpften sie nur zu Pferde und aus der Ferne. Sie siegten durch den wilden Sturm ihrer Reitermassen, durch Ueberfall, List, und unterlagen, nachdem sie Deutschland lange gebrandschatzt, der geschlossenen Ordnung, der Kraft und dem Muthe der Deutschen im Handgemenge.

Die Tage von Merseburg, Augsburg, Mölk vernichten den Schrecken ihres Namens und bezeichnen den Zeitpunkt, von dem an Europa auf sie zurückzuwirken beginnt. Jene Deutschen, Italiener, Griechen, welche der Magyare auf seinen Beutezügen in die Sclaverei schleppte, machten ihn zuerst mit Europa, seinen Einrichtungen, seiner Bildung und mit Christus bekannt. Von seinem fremden Knechte lernte der Magyare das Kreuz machen und den Pflug führen, die fremde Sclavin unterrichtete sein Weib im Spinnen und Weben, griechische und deutsche Missionäre zogen zu glorreicherer Eroberung in sein Land; ihre köstliche Beute waren die Seelen, welche sie dem Evangelium zuführten. Bald schlug der Italiener, der Jude seinen Laden, der Deutsche seine Werkstatt auf magyarischem Boden auf.

Geblendet von dem Glanze deutscher Fürstenhöfe, riefen die Arpaden selbst deutsche Ansiedler: Arbeiter, Kaufleute, Handwerker, Krieger.

Die Thronbesteigung Stephan des Heiligen war das Signal, die Donau und Theiss in riesige Taufbecken zu verwandeln. Der Magyare zog seinen krummen Säbel für seine alten

Götter und Ueberlieferungen gegen den fürstlichen Apostel. Deutsche Schwerter vollendeten, was deutsche Wissenschaft und Arbeit begonnen. Mit deutschen Truppen siegte Stephan, selbst ein deutscher Ritter, über die Rebellen. Es war der erste Sieg der Civilisation über die Nationalität in Ungarn. Kirchen, Klöster, Städte wurden wie Blockhäuser derselben erbaut. Der Papst krönte das Werk des grossen Arpaden mit der apostolischen Königskrone. Sein Reich war ein Glied des christlichen Staatenbundes geworden.

Die fränkischen Einrichtungen, welche die Grundlage der staatlichen Entwicklung in den Ländern romanischer und germanischer Zunge bilden, begannen auch auf die Bildung der ungarischen Verfassung ihren Einfluss zu üben, ohne jedoch das nationale Element überwinden zu können. Beide haben vollkommen verschiedene Ausgangspunkte.

Die magyarische Verfassung entwickelt sich aus der Familie. Die Stammeshäupter vertreten das Volk, sie wählen das Oberhaupt als Führer im Kriege, als Richter und Regenten, sie bilden das Parlament, mit dem er seine Gewalt theilt.

Bei den Germanen geht alle Gewalt von der Volksgemeinde aus. Sie kennen kein Oberhaupt als den Führer im Kriege. Sobald in festen Wohnsitzen die Staatenbildung beginnt, überträgt die Volksgemeinde auf glückliche Feldherren einen Theil ihrer Macht, welche diese vermehren, für sich und ihre Erben behaupten. Wie dem Einen bringt die Tapferkeit auch Anderen im geringeren Maasse Würde, Besitz und Reichthum. Bei der Zunahme der Bevölkerung können bald diese allein die Rechte der Volksgemeinde üben. Sie geben für persönliche Vortheile und Rechte jene der Gesammtheit auf. Die Volksgemeinde verwandelt sich allmälig in ein Adelsparlament und einen Rath der Grossen.

So begründet sich die Monarchie der Franken. Die Gewalt, welche sich in dem Monarchen vereinigt hat, wird jetzt

wieder von ihm ausgeströmt. Er theilt das Reich in Grafschaften, welche zugleich Verwaltungsgebiete, Gerichtssprengel und
Militärdistricte sind. Jene Grossen, welche seinen Thron stützen,
werden die Vorsteher derselben, seine Beamte, Statthalter,
Richter und Kriegsoberste in einer Person.

Die Zeit verwandelt jedoch diese Beamte in erbliche Fürsten
ihrer Landschaften, in Vertreter des Volkes auf der Reichsversammlung dem Herrscher gegenüber. Unter ihnen entwickelt
sich auf ähnliche Weise ein zahlreicher und mächtiger Adel. —
Denselben Gegensatz bietet die Besitzfrage und die an dieselbe
geknüpfte Wehrverfassung.

Die Germanen theilen erobertes Land so, dass der König
einen grösseren, seine Leute geringeren Grundbesitz frei und
erblich erhalten. Jeder freie Mann ist zum Heerbann verpflichtet. Der König verleiht von seinem ausgebreiteten Besitzthum Grundstücke an seine Getreuen gegen das Gelöbniss der
Treue und des Kriegsdienstes auf Lebenszeit. Dasselbe thun
die grossen Grundbesitzer. So entsteht ein weitverzweigtes
System von Lehen und Erbgütern. Rasch gleicht sich der
Gegensatz aus. Die erblichen Besitzer nehmen ihre Güter zu
Lehen, die Lehensträger machen die ihrigen erblich, und das
erbliche Lehen geht auf den ältesten Sohn über.

Die Magyaren dagegen theilen Ungarn unter ihre Stämme
und Stammesglieder als unbeschränktes freies Besitzthum. Nur
die Burgen und ihre nächste Umgebung werden als Besitz des
Oberhauptes erklärt und die Sitze der Stammeshäupter, welche
von hier aus ihre Würde als Oberste, Beamte, Richter und
Feldherren des Stammes nun Bezirkes üben. Ihre Würde,
nicht der Besitz des Burggebietes erbt sich auf den Sohn fort.
Ein Theil der Krieger wird auf dem Burggebiete angesiedelt
und leistet dafür dem Oberhaupte Kriegsdienst und Abgaben,
während die freien Erbbesitzer nur bei allgemeinem Aufgebote
des Volkes verpflichtet sind, die Waffen zu ergreifen.

Die Verschiedenheit des germanischen und magyarischen Staates, der Gegensatz des Lehens- und des freien Erbsystems, des germanischen und magyarischen Wehrsystems machte eine Verschmelzung beider unmöglich. So konnte ihre Verbindung nur eine äusserliche sein und musste einen unhaltbaren Zustand der sittlichen und politischen Gesellschaft erzeugen.

Ungarn und seine Einrichtungen entwickelten sich seit Stephan im Kampfe dieser unversöhnlichen Gegensätze, ohne dass das magyarische Element sich behaupten oder unterworfen werden konnte. Das Ergebniss dieser Entwicklung war ein Zwitter, ein Organismus ohne Gesundheit, ohne lange Lebensfähigkeit.

Ungarn wurde auf diese Weise ein Erbreich und blieb ein Wahlreich. Es war erblich, aber nicht von dem Vater auf den Sohn, die Stammeshäupter hatten den König zu wählen, aber aus der Familie Arpads. Der König war im Besitz aller Majestätsrechte, sein Hof wie die Würdenträger des Reiches: der Palatin (Pfalzgraf), der Judex curiae (Hofrichter), der Schatzmeister u. s. w. lassen das deutsche Muster nicht verkennen. Die Macht des Königs bleibt durch eine Reichsversammlung beschränkt; in derselben nehmen jedoch Prälaten und Magnaten die Stelle der alten Stammeshäupter ein; später wird der ganze Adel, oder werden Vertreter desselben beigezogen, und ein Reichsrath aus den vornehmsten Mitgliedern der Kirche und des Adels steht dem König zur Seite. Das Land wird nach germanisch fränkischer Weise in Grafschaften — Comitate — Gespanschaften eingetheilt, und von dem Könige ernannte Grafen, später Obergespane, treten an die Stelle der Stammeshäupter. Im Gegensatz zu dem Westen, wo aus Beamten erbliche Fürsten werden, verdrängen in Ungarn Beamte die erblichen Stammeshäupter. Das Volk, früher nur nach Familien und Stämmen unterschieden, gliedert sich unter dem Einflusse dieser Verhältnisse in Stände. Die Stammeshäupter verwandeln sich

in Herren, die begüterten Stammesglieder in Edelleute, die Armen
werden, wie aus der Familie ein Stamm, ein Volk, ein Staat
wird, aus gehorsamen Kindern willenlose Unterthanen, miss-
handelte Knechte. Sie behalten oder erhalten Grund und Boden
nur für Dienste, die sie dem Gewaltigen leisten, und treten
theils freiwillig, theils gezwungen in das Verhältniss der
Hörigkeit.

Ihr Elend wird nur durch jenes der zahlreichen fremden
Sclaven übertroffen.

Ausserhalb dieses Ständesystems entwickeln sich unter dem
Schutze königlicher Privilegien die freien Gemeinden deutscher
Ansiedler, und zu derselben Zeit, wo die Stammeshäupter auf
den Burgen durch Beamte des Königs ersetzt werden, verwandeln sich unter dem Einflusse des deutschen Lehenswesens
die Burgleute in Lehensträger.

Die Herren und Edelleute unterstehen in Rechtsangelegen-
heiten in jedem Bezirke zwei Richtern, sonst nur dem Könige
und dem Palatin. Sie richten ihre Besitzthümer wie kleine
Monarchien ein und verpflichten ihre Unterthanen zu Steuer
und Kriegsdienst. Die Vermischung des germanischen und magyarischen Wehrsystems lähmt die Wehrkraft des Landes. Das
alte Volksheer erhält sich neben einem königlichen Lehens-
heere. Beide Institute erreichen daher nie ihre vollkommene
Ausbildung und hindern gegenseitig ihre Wirksamkeit. Das
Heer des Königs besteht aus seinen Lehensträgern, den Burg-
leuten, und aus seinen Söldnern; das Volksheer aus der Masse
des freierblichen Adels. Dieser leistet jedoch den Waffendienst
nur zur Vertheidigung im Lande, und auch dann stellt er zuerst
ein Procent seiner Unterthanen unter die Fahne der Comitate,
später sitzen Prälaten und Magnaten, endlich, wenn die Gefahr
den Höhepunkt erreicht, alle Edelleute auf. So konnte selbst
ein schwacher Feind die einzelnen Abtheilungen leicht besiegen
und das Land erobern, ein geschlagener Feind sich jenseit der

Grenze ungestört zu einem neuen Schlage rüsten. Die Verwirrung, welche die Verbindung germanischer und magyarischer Einrichtungen in dem Verhältnisse des Königs zum Volke hervorbrachte, zeigt sich am furchtbarsten in dem Staatshaushalte.

Das Oberhaupt der Magyaren war ihr oberster Feldherr und Richter: als sie das Land theilten, hatte er sein Besitzthum empfangen wie jeder andere. Sein Einkommen war ein persönliches. Staatsausgaben gab es keine. Die Verwaltung, die Rechtspflege waren patriarchalisch, den Krieg führte das Volk mit seinem Blut und Gut.

Die Krone des heiligen Stephan veränderte die Lage. — Der König von Ungarn wurde der germanisch-fränkische König, sein Volk blieb wie es war. Er verwaltete das Land, er sprach Recht mit seinen Beamten, er führte den Krieg. Die germanische Volksgemeinde gab ihrem Könige mit der Gewalt die Mittel dieselbe auszuüben.

Der Magyare sah sich nicht verpflichtet die Beamten, die Kriege seines Königs zu zahlen.

König und Volk waren nicht mehr eine politische Person. Wenn der König von Ungarn, wie der germanische, sich und den Staat identificirte, so ging sein Volk auf diese Anschauung ein, aber es übertrug ihm auch die Bestreitung des Staatshaushaltes.

Diese Anschauung bildet den Ausgangspunkt der stets wachsenden Verwirrung des Staatshaushaltes und des endlichen finanziellen Ruins Ungarns. Alle Bemühungen der Könige, eine regelmässige und gerechte Besteuerung des Volkes zur Deckung der Staatsausgaben einzuführen, scheiterten an dem asiatischen Charakter der Magyaren. Als die königlichen Einkünfte, welche aus dem Erträgniss der königlichen Güter, der Bergwerke, des Salzes, den Abgaben der Burgleute bestanden, nicht mehr ausreichten, um ausser dem königlichen Haushalte noch die Verwaltung, die Rechtspflege und die Landesvertheidigung zu bestreiten, zwang die Noth die Magyaren diese Einkünfte zu erhöhen. Die Reichsversammlung nahm das Recht für sich in Anspruch, dem Könige im Namen des Volkes Steuern und Gefälle zu bewilligen. Jede allgemeine Steuer wurde jedoch, wie auch jedes allgemeine Gesetz, durch die Privilegien der Geistlichkeit und des Adels auf die Stände der Lehensträger, freien Städte und Unterthanen beschränkt.

In ähnlicher Weise wie die politische wurde auch die sittliche Gesellschaft durch den Widerspruch des unvertilgbaren heidnisch magyarischen und des mächtig eindringenden christlich germanischen Wesens an einer gesunden Fortbildung gehindert.

Gewaltig wie das Widerstreben der magyarischen Naturkraft war das Andrängen europäischer Civilisation unter den Arpaden. Immer wieder erhob sich der magyarische Volksgeist, und seine Erhebung bezeichneten jedesmal die Ruinen christlicher Gotteshäuser, der Mord der fremden Ansiedler, aber jedesmal unterwarf ihn das christliche Europa wieder.

Den von seinen Unterthanen verjagten König Peter führt der deutsche Kaiser mit einem Heere zurück, und Ungarn huldigt sogar kurze Zeit der Oberhoheit des deutschen Reiches. Es folgen zwei Jahrhunderte fremden Einflusses.

Nach hundert Jahren räumt der deutsche dem byzantinischen das Feld, der Ungarn für ein Jahrhundert den Charakter des griechischen Reiches giebt. Im Gegensatz zu der deutschen Einwirkung, welche Ungarn aufzulösen drohte, begründet diese den Thron und droht ihn absolut zu machen. Wie in Byzanz um den goldenen Reif des Cäsars, wühlet hier unausgesetzt der Kampf um die Krone des heiligen Stephan. Ein Arpade stürzt den anderen, die Parteikämpfe hindern die Entfaltung des Volkes, des Staates, während sie jene des Adels und der Majestät begünstigen. Willkür kämpft mit Anarchie. Byzantinische Ueppigkeit und Sittenlosigkeit gesellt sich zu asiatischer

Rohheit und Trägheit. Das europäische Element scheint das magyarische überfluten zu wollen. Ungarn wurde die Strasse, auf der die Kreuzheere nach dem gelobten Lande, die griechischen Kaufleute auf die europäischen Märkte zogen, während flandrische Ansiedler, durch die Meeresfluten vertrieben, flandrische Industrie und Arbeitsamkeit in den Süden Siebenbürgens und die Zips verpflanzten.

Die Auflösung aller rechtlichen und sittlichen Verhältnisse erzeugte endlich nach zweihundertjährigem Stillstande einen Aufschwung des magyarischen Geistes, welcher von den bedeutendsten Folgen für die Zukunft Ungarns begleitet war.

Andreas II. hatte willkürlich Kron- und Burggüter an geistliche und weltliche Herren verschenkt; als die königlichen Einkünfte nicht mehr hinreichten, um seine Kriegszüge und den Luxus seines Hofes zu bestreiten, legte er dem Lande willkürlich Steuern auf. Von König und Magnaten geplündert und misshandelt, griff der niedere Adel, von Andreas Sohne Bela geführt, zu den Waffen. Schon standen sich hoher und niederer Adel, Vater und Sohn zur Entscheidungsschlacht gegenüber, als die Kirche den Frieden vermittelte.

Die Urkunde dieses Friedens ist das Gesetzbuch Andreas II., die goldene Bulle der Magyaren.

Sie war nur ein Freiheitsbrief des Adels, eine Magna Charta seiner Zügellosigkeit; sie entzog ihn der Gewalt des Staates und gab das Volk der seinen bedingungslos hin.

Der Adel sollte sich ein Mal im Jahre versammeln, um seine Angelegenheiten zu ordnen, er behielt das freie Erbrecht, blieb frei von allen allgemeinen Lasten und Abgaben, wie von der Macht und Gerichtsbarkeit der Grafen.

Er durfte nur zum Vertheidigungskrieg aufgeboten, kein Adeliger ohne Vorladung und Verhör gestraft werden. Dagegen wurde seine Patrimonialgerichtsbarkeit über die Unterthanen bestätigt.

Die Kron- und Burggüter sollten allerdings an den König zurückfallen, dafür konnte er äussere Kriege mit seinen Söldnern und Lehensträgern führen und wurde dem Adel das Recht gegeben, sich jeder Verletzung dieses Grundgesetzes durch den König auf jede Weise zu widersetzen.

So aristokratisch diese goldne Bulle ist, war sie doch 1222 ein Document des Fortschrittes, indem sie den niederen Adel der Willkür der Grossen entzog und ihm Antheil an der Regierung gab, und somit die obersten constitutionellen Rechte in Ungarn einbürgerte.

Der erste allgemeine Reichstag bestätigte die goldene Bulle, dennoch blieb sie unter Andreas ein Stück Papier; die Grossen auf das Schwert, die Geistlichkeit auf die Gewalt der Kirche gestützt, verhöhnten die Rechte des Königs und des Adels. Neue Unruhen zerrütteten das Reich. Erst Andreas Sohn Bela IV., der die goldene Bulle dictirte, führte sie durch. Ereignisse, welche Ungarn zu zerstören drohten, sollten es retten.

Die Mongolen überschwemmten den Osten Europa's. Ein Tag vernichtete die Heeresmacht der Ungarn. Bela floh nach Oesterreich, während die Mongolenhorden, Heuschrecken, Hungersnoth und Seuchen im Gefolge, Ungarn in eine Wüste verwandelten. Als Bela nach ihrem Abzuge in sein Reich zurückkehrte, war es eine Brandstätte, ein Leichenfeld. Er rief die Reste seines Volkes aus Wald und Gebirge und stellte auf Grundlage der goldnen Bulle und der alten Einrichtungen das Reich her.

Der Fleiss deutscher und slawischer Ansiedler verwandelte bald die entvölkerten Wüsten in die blühendsten Landschaften Ungarns. Deutsche Städte erhoben sich wieder als Niederlagen des Handels und Arbeitsstätten des Gewerbes von den Karpathen bis zur Drau.

Damals offenbart sich zuerst, bei dem Erlöschen der Babenberger, der Trieb der Völker an der Donau, Elbe, Adria, ein grosses Ostreich zu gründen.

Ottokar der Böhme und Bela ringen um das Erbe des letzten Babenbergers. Ottokar siegt, aber Böhmen ist ebenso wenig wie Ungarn bestimmt, alle diese Stämme, fremd an Sprache, Sitte, Bildung, eins in ihren Interessen, dauernd zu verbinden. Die Zukunft gehört Habsburg und Oesterreich.

Unter den letzten Arpaden gewannen die ungarischen Grossen die Macht kleiner Könige, sie führten Krieg und schlossen Frieden unter sich und mit fremden Fürsten. Das Reich begann sich wie die germanischen und romanischen Lehensstaaten in kleine Monarchien aufzulösen, aber hatte dort das Lehenssystem aus den Beamten erbliche Fürsten gemacht, so hatte es bei den Magyaren an die Stelle der erblichen Stammeshäupter Beamte gesetzt. Das Institut der Obergespanen (Grafen) rettete Ungarn.

Derselbe niedere Adel, welcher sich durch seine Freiheitsbriefe der Gewalt der Obergespane entzogen sehen wollte, flüchtete sich jetzt vor der Willkür der Grossen unter die schützende Gerichtsbarkeit dieser königlichen Beamten. So kräftigten sich die Comitate und bildeten seitdem die Stütze des Königthums und des Reiches: eine Stütze die um so nothwendiger war, als das Erlöschen der Arpaden Ungarn zu einem vollkommenen Wahlreiche machte. Dasselbe verursachte einen immerwährenden Wechsel der inneren und äusseren Politik. Ungarns Interessen wurden bald mit jenen Polens, bald mit denen Oesterreichs, heute mit Böhmen, morgen mit Italien in Verbindung gebracht. So kommen die ungarischen Interessen des Augenblicks mit jenen der Vergangenheit und Zukunft stets in Widerspruch. Dem jetzt mit aller Anstrengung Errungenen wird nach einer Spanne Zeit als einem fremden Vortheile entgegengearbeitet. Zu schwach um für sich ein nationales Reich zu behaupten, die Ziele ihrer Thätigkeit stets wechselnd, versäumten die Magyaren, selbst ein Ostreich zu gründen, und bereiteten sich das Schicksal, in der Zukunft in demselben aufzugehen. Sie vergossen ihr Blut an der Weichsel und an dem Golf von Neapel, jenseit der Sudeten und an der Adria, anstatt den Reichthum und die Kräfte des eigenen Landes zu entwickeln und das byzantinische Reich auf dem Vorposten gegen den Islam zu unterstützen und abzulösen. Während sie in Lithauen und Italien Feinde suchten, rückte, Reich auf Reich zerstörend, der Erbfeind der Christenheit Ungarn auf den Leib.

Die Macht des Adels, Könige zu wählen, theilte denselben unausgesetzt in Parteien. Die Minderzahl erkannte die Wahl der Mehrzahl nur gezwungen an; sie huldigte einem Gegenkönige oder der Rebellion.

Nach dem Aussterben der Arpaden entbrannte ein Kampf um die ungarische Krone, in dem alle Gesetze und Einrichtungen unterzugehen drohten.

Karl von Anjou, mit den Arpaden verwandt, siegte zuletzt über seine Nebenbuhler.

Unter dem Hause Anjou wurde Ungarn, nicht auf dem Papier aber in der That, ein abendländisches Erbreich. Abendländisches Wesen drang übermächtig in Land und Leute, untergrub das nationale Leben und die nationalen Einrichtungen, ohne die europäischen an ihre Stelle setzen zu können.

Die Anjous, durch Stamm und Bildung in das Ringen Europa's, das grosse Leben, in alle Beziehungen und Kämpfe des Erdtheils hineingezogen, waren nur bedacht, ihr Reich in die Reihe der europäischen Mächte einzuführen, und an der Spitze desselben in die Geschicke des Erdtheils einzugreifen. Niemals konnten sie sich auf die Entwicklung Ungarns beschränken, ihr Streben war, Krone auf Krone an jene des heiligen Stephan zu reihen, ausgedehnte Gebiete ihrem Scepter zu unterwerfen. Es war ihr Interesse, der Krone Ungarns ihr Ansehen, ihre Macht wiederzugeben, einen gesetzlichen Zustand herzustellen, die Wehrkraft des Landes zu heben, den Staatshaushalt zu ordnen.

So nur waren sie im Besitze der Mittel, ihre äussere Politik ins Werk zu setzen.

Sie wollten sogleich in dem Besitze derselben sein. Sie trafen die ausgezeichnetsten Anstalten, denselben im Augenblicke zu erzielen und für die Zukunft den Thron und das Land in allen Beziehungen dem vollkommenen Banquerote preiszugeben.

Als Karl von Anjou den Thron bestieg, fand er denselben seiner Einkünfte und seiner Kriegsmacht beraubt, die Burggüter, die königlichen Ländereien von Magnaten in Besitz genommen, die Burgunterthanen, die Lehensträger und Soldaten der Krone, denselben unterworfen. Ein Reichstag befahl die Zurückgabe dieser Güter, dieselbe erfolgte jedoch nur langsam. Es schien nicht mehr möglich das nationale Heer, die landesthümlichen Einkünfte herzustellen, Ungarn schien reif für die Einrichtungen des Abendlandes. Der König, von der Idee des Westens erfüllt, suchte dieselben in seinem Reiche einzubürgern, und es gelang.

Der Adel sah zuerst den Hof, die Sitte, den ritterlichen Glanz des Westens. Bald empfing derselbe aus des Königs Händen seine ersten Wappen, bald pflanzte das Turnier seine Schranken in den Sand der Pussta. Aus magyarischen Magnaten wurden Ritter, Bannerherren. Freigebig vertheilte der König das Recht der Kronvasallen, mit ihrer Fahne und Gefolge in das Feld zu ziehen, an den ungarischen Adel. Die Magyaren, die ihr Recht nur im Lande zu kämpfen so strenge bewacht hatten, zogen wie jene Paladine der Tafelrunde mit ihrem König auf ritterliche Abenteuer dorthin, wo die Wellen des Mittelmeeres an den Thürmen der Normannen brandeten, und wo die Schlösser der Wojwoden sich in der Weichsel spiegelten.

Kein entscheidender Kampf konnte in Europa entbrennen, kein folgenreicher Friede geschlossen werden, ohne dass der Name Ungarns dabei in die Wagschale gefallen wäre. Magya-

rische Reiter kämpften den unglücklichen Krieg Friedrichs von
Oesterreich mit Ludwig dem Baier um die Kaiserkrone mit und
siegten mit den Polen über die Mongolen. Das Wort des Königs von Ungarn löste Friedrich aus der Gefangenschaft, es
schloss den Frieden Kasimirs von Polen mit Böhmen und mit
dem deutschen Orden.

Denselben Adel, der die asiatische Pelzmütze mit dem Helme
und Visiere vertauscht hatte, bewog Karl von Anjou bald auch
den Staatshaushalt nach europäischer Weise durch eine allgemeine Steuer zu bestreiten.

So gewannen die Anjous durch den Zauber, welchen sie
auf den Adel ausübten, Geld und Heer: die Mittel, ihre grossen
Pläne zur Ausführung zu bringen. Sie behaupteten diese Mittel
in der That, ohne dieselben als Rechte der Krone verbrieft den
Nachkommen zu hinterlassen, während sie es versäumten, das
im Volke wurzelnde Steuer- und Wehrsystem herzustellen und
zu entwickeln. Sie hatten dem magyarischen Adel die Rechte
des Lehensadels ertheilt, ohne dass er dessen Pflichten ver-
tragsmässig übernommen hätte.

Als jener kühne ritterliche Geist, der den magyarischen
Adel unter die Fahnen der Anjous geführt hatte, erloschen war,
als der Adel sein Schwert und sein Geld, auf seine alten Rechte
gestützt, zu verweigern begann, da waren die alten Rechte des
Königs, die nationalen Einrichtungen beinahe in Vergessenheit
gerathen, und die Nachfolger Ludwig des Grossen, dessen Heere
den Namen Ungarns durch Europa getragen hatten, standen den
Feinden, die von allen Weltgegenden ihr Reich bedrohten, mit
leeren Cassen und mit einer Handvoll Soldaten gegenüber.

Karls Erbe Ludwig der Grosse vollendete, was sein
Vater begonnen hatte. Die Augen Europa's waren auf ihn gerichtet, der ein Weltreich zu begründen schien. Doch seinen
Namen und den Namen Ungarn machte er gross, nicht Land
und Volk der Magyaren. Er herrschte zugleich an dem schwarzen

Meere, der Adria und der Ostsee. Mit der Krone des heiligen
Stephan vereinigte er jene Polens, unterwarf Neapel, Dalmatien
und die Moldau seinem Scepter, dehnte im Süden das Reich bis
an die Donau aus. Er herrschte unumschränkt ohne Reichsversammlung. Es giebt keinen Artikel der goldenen Bulle, den
er nicht in jedem Jahre seiner Regierung verletzt hätte, und
keinen König, dem der ungarische Adel so wie ihm Steuern
gezahlt hätte und auf alle Schlachtfelder Europa's gefolgt wäre.
Ludwig herrschte und mit ihm die Civilisation. An seinem
Hofe, in den Sitzen seines Adels waltete das Kleid, die Küche
und der gute Brauch des Westens, Frankreichs und Italiens
Bildung, die Weisheit Griechenlands und Roms tönte von den
Kanzeln seiner hohen Schule zu Fünfkirchen. Seine Städte
waren freie deutsche Städte, sein Nürnberg und Augsburg, ihre
Arbeit war geachtet in Europa, auf ihre Märkte kam der Grieche,
der Venetianer, der Kaufmann aus dem Reiche und der Jude
aus Polen.

Sein Reich war glänzend, aber wie begründete er die Zukunft? Er eroberte für sich, nicht für Ungarn. Er vereinigte ein
Gebiet, das die Ostsee mit dem Mittelmeere verband; und nach
seinem Tode war Ungarn doch um keinen Fuss breit grösser als
vor seiner Thronbesteigung. Die erworbenen Länder mit dem
ungarischen Reiche dauernd zu verbinden, hatte er ebensowenig
Anstalten getroffen, als die Macht des Thrones gesetzlich zu befestigen. Dafür verbriefte er dem hohen Adel, dessen Blut in
seinen Schlachten floss, Rechte und Gewalt, die denselben zum
Monarchen, zum Herrn und Richter seines Unterthans erhoben,
den Bauer seinem Stocke, den niederen Adel seinem Säbel
preisgaben.

Ludwig gab Ungarn Cultur, nicht den Magyaren. Für diese
waren seine hohen Schulen was Bologna und Paris, seine Städte
was Wien und Prag für sie gewesen waren, denn seine grossen
Lehrer lehrten in der Sprache Cicero's und seine Bürger sprachen

deutsch. Seine Civilisation sprach nicht die Sprache seines
Volkes, darf man erstaunen, dass sein Volk sie nicht verstand?
Sein Adel schien erfüllt von dem Glauben und dem Ritterthum
des Abendlandes, er konnte seine Lanze brechen und den Da-
men dienen, er liess gewissenhaft zur hora canonica seinen
Pfaffen beten, liess seine Stiefel weihen und die Peitsche, mit
der er sein Weib schlug, und das Lager das seine kumanische
Buhlerin mit ihm theilte. — So war Ungarn unter den Anjous
ein Weltreich, das Königthum auf dem Höhepunkte der Macht.

Als Sigismund der Böhme die Erbschaft der Anjous antrat, bestand sie aus einem kleinen Königreiche, dessen hoher
Adel die Macht des Thrones und die Freiheit der Unterthanen
auf das geringste Maass beschränkt hatte.

Ludwig von Anjou, dessen Herrschaft Ungarn dem Untergange weihte, nannten die Magyaren den Grossen; für Sigismund,
der die Auflösung des Reiches um ein Jahrhundert aufhielt,
hatten sie keinen Beinamen.

Genial fasste Sigismund seine Aufgabe. Anstatt sich
gleich den Arpaden und Anjous unter den Prälaten und Magnaten
eine Partei zu bilden, stützte er den Thron auf die Verfassung
und die unteren Stände seines Volkes. Die Magnaten beherrschten das Land. Sie sassen zu Gericht und luden ihren
Unterthanen Steuern auf, welche sie dem Staate verweigerten.
Kerkermeister, Henker und Banderien waren stets bereit, ihr
Machtgebot und ihren Richterspruch zu vollziehen.

Sigismund besserte die Lage des Bauers und stellte
dessen freies Zugrecht her. Die Willkür der Grossen brach
er durch Reform der Comitate. Er vereinigte den niederen Adel
in denselben in Gemeinden, welche sich selbst regierten, ihre
Richter jährlich wählten und mit ihnen als Geschworne zu Gerichte sassen. Die Obergespane und die Richter schützten die
Rechte der Krone, des Adels, und die Unterthanen vor Unrecht.

Sigismund baute Städte, gab ihnen feste Mauern und die

Rechte, welche das Gesetz den edeln Herren gab. Die Bauern, welche vor dem Adel an den freien Herd des Deutschen flohen, wurden Ungarns erste nationale Bürger.

Die Anjous beherrschten Ungarn mit einem Reichsrathe der Prälaten und Magnaten, Sigismund mit einer allgemeinen Reichsversammlung. Das Recht des niedern Adels, auf derselben mitzurathen, an der Regierung Theil zu nehmen, wurde durch ihn wieder hergestellt, und dasselbe Recht auch den Städten als Edelleuten seines Reiches ertheilt.

Ein allgemeiner Aufschwung lohnte diese Anstalten.

Sigismund war Ungarns Retter. Noch mehr konnte er werden, was Karl IV. für Böhmen war: ein Schöpfer, ein Gesetzgeber, ein Apostel menschlicher Cultur.

Ein Fremder, hatte er zuerst begonnen, die nationalen Kräfte gesetzlich zu entwickeln. Dass er nicht zu Ende führte was er begann, lag in seinem Blute. Es trieb ihn durch Europa.

Jetzt erschien er in Rom, jetzt in Konstanz, in Paris und London, das ganze Festland, Staat und Kirche mit seinen Entwürfen umfassend, überall thätig und schöpferisch.

Während er die Kaiserkrone auf sein Haupt setzte, die Spaltung der Kirche durch drei Päpste beendete, Huss und Hieronymus verbrennen liess und gegen die Hussiten kämpfte, verlor Ungarn seine Eroberungen an der Donau, Adria und jenseit der Karpathen.

Verkannte Sigismund die Interessen, die Gefahren des Magyarenreiches an der Donau?

Wir müssen gerecht sein. Sein erstes Heer führte er gegen die Türken. Die Herrschaft der Anjous trug ihre Früchte. Das erste Mal in offener Feldschlacht sank das Wappen Ungarns vor der Fahne des Propheten bei Nikopolis in den Staub.

Ungarn war wehrlos.

Die Burggüter waren verloren, der Adel dagegen weder

verpflichtet, sein Banner ausser Landes zu führen, noch durch Siege und ritterlichen Sinn mehr begeistert.

Eine Reform des Kriegswesens war ebenso dringend geboten als schwierig.

Sigismund löste auch diese Aufgabe.

Der Adel behauptete sein Recht, nur zur Vertheidigung und erst dann in das Feld zu ziehen, wenn das Heer des Königs nicht genüge, während der König mit seinen Söldnern nicht einmal einem Pascha die Spitze bieten konnte. Es galt daher das alte Institut der Burgleute zu ersetzen, und Sigismund gelang dies. Der Adel wurde von dem Reichstage verpflichtet, ein gewisses Procent seiner Unterthanen bewaffnet unter die Banner der Comitate zu stellen, und die Kosten dieses Heeres mit einer Steuer seiner Unterthanen zu bestreiten.

Das stets wachsende Bedürfniss der Vereinigung, insbesondere den Türken gegenüber, rief nach Sigismunds Tode, durch freie Wahl der Völker, seinen Schwiegersohn Albrecht von Oesterreich auf die Throne Böhmens und Ungarns.

Der magyarische Adel war bereits so tief gesunken, ohne Vaterlandsliebe, feige, ehrlos, dass er, von Albrecht gegen die Osmanen geführt, Angesichts des Feindes ausriss, und nach seinem Tode Wladislaw von Polen unter der Bedingung zum Könige wählte, dass er Ungarn mit einem polnischen Heere gegen die Türken vertheidigte.

Von seinen vornehmsten Vertretern verrathen erhebt sich, durch Sigismunds innere Politik geweckt, der magyarische Volksgeist und mit ihm die Hunyadys. Die Entwicklung Ungarns und seiner wahren Interessen an der Donau treten in den Vordergrund, sie kündigen dem Türken Fehde an bis auf den Tod.

Die Siege Johann Hunyady's sind Siege der Magyaren. Sie begeisterten die Nation. Der Edelmann, der die eine Hälfte seines Lebens dem vollen Becher, die andere einem vollen Busen weiht; der arme Bauer, welchen er, um Pferd und Rind zu schonen, vor seinen Pflug und Karren spannt; der fremde Bürger, dessen Vaterland die Mauern seiner Stadt begrenzen: sie alle folgen der Fahne ihres Helden. Er will die Türken aus Europa treiben, die Karpathen und den Balkan wieder zu dem Grenzwall des Magyarenreiches machen. Doch was Hunyady will, bereitet er mit Ernst und Mühe vor. Im fortwährenden Kampfe mit den Paschas an der Grenze, soll der Magyare sich vorbereiten zu dem Siegeskampfe mit dem Sultan. Wladislaw und der magyarische Adel, ungeduldig die Schmach von Nikopolis zu tilgen, erklären jedoch zu früh dem Islam den Vernichtungskrieg.

Die mörderische Schlacht bei Varna entschied für Sultan Amurath. König Wladislaw und 20,000 Tapfere deckten die Wahlstatt. Bald glänzte der Halbmond auf den Thürmen von Byzanz.

Ungarn war dennoch nicht verloren, denn Hunyady hatte sich aus dem Kampfgewühl gerettet. Er regierte jetzt das Reich zuerst als Reichsverweser. Die Stände, bedacht sich fest an Böhmen und Oesterreich zu schliessen, wählten Ladislaus, Albrechts nachgeborenen Sohn, zum König von Ungarn.

Den Säugling hatte seine Mutter nach Albrechts Tode vor dem Anhang Wladislaws zu Kaiser Friedrich IV. geflüchtet, der jetzt die Vormundschaft in Anspruch nahm. Da schlossen vier Völker, Oesterreicher, Böhmen, Mährer und Magyaren, einen Bund zu Wien. Sie wollten einen König, einen Herrn, und befreiten ihn mit Waffengewalt aus Friedrichs Händen.

Das Ostreich ist so das erste Mal begründet durch den Willen der Nationen.

Doch war Ladislaus zu schwach, den Bund der Völker zu befestigen, zu krönen.

Sie trennen sich noch einmal, um sich dann für immer zu vereinen.

In Ungarn war Hunyady ein König neben Ladislaus. Letzterem überliess er die Rechte, den Glanz der Krone, die Pflichten nahm er für sich in Anspruch. Er war der Wächter Ungarns an der Donau. Nicht der König, nicht der Adel — das Volk kämpfte die Schlachten Hunyady's. Das Banner Ungarns wurde durch das Kreuz des Mönches Capistran ersetzt. Entlaufene Bauern und Handwerker jagten bei Belgrad die wilden, kriegsgeübten Janitscharen in die Flucht.

Vergebens rangen König und Magnaten gegen Hunyady und diesen Geist des Volkes. Dem Helden der Magyaren folgte Ladislaus in das Grab und Matthias Hunyady bestieg den Thron.

Nach einem Ringen von Jahrhunderten, das ihn jetzt deutschem, jetzt griechischem Einflusse unterwarf, fremde Fürsten von dem Fusse des Vesuvs, von der Weichsel und Elbe auf seinen Thron rief, wo er sein Blut in den Ebenen Podoliens und jenseit der Apenninen vergoss, nennt der Magyare Ungarns Boden sein, wurzeln seine Liebe, sein Streben, seine Thaten in dem Vaterland, und der Grösste seines Volkes setzt die Krone der Arpaden auf sein Haupt.

Die ersten Acte seiner Regierung zeigten, dass er seine Verhältnisse, seine Aufgabe kannte. Die Elemente einer Reform hatten sich seit Sigismunds Einrichtungen entwickelt, er verstand dieselben genial zu benützen.

Mit Strenge und Gerechtigkeit stellte er den gesetzlichen Zustand auf Grundlage der ungarischen Verfassung, die Macht der Krone und die Rechte der niederen Stände, den hohen Ständen gegenüber, wieder her. Die Willkür der Magnaten beugte er durch Willkür, er setzte für kurze Zeit ein Standrecht ein und brannte die Burgen adeliger Räuber nieder. Den Palatin, dessen Wahl er den Ständen überliess, erhob er zu dem Stellvertreter des Königs in jeder Beziehung.

Die Reichsversammlungen, auf denen wieder der Edelmann,

der Bürger neben dem Prälaten und Herrn erschienen; die adeligen Comitatsgemeinden, deren selbstgewählten Gerichtsstühlen Matthias alle, welche ihr Privilegium bisher geschützt hatte, den gesammten Adel und in Civilsachen auch die Geistlichen unterwarf, befestigten die Herrschaft der Gesetze.

Mit gleicher Thatkraft hob er die Uebelstände, welche die Kriegsmacht Ungarns, die Ordnung des Staatshaushaltes zu Grunde gerichtet hatten. Der Angriff des Sultans auf Bosnien enthüllte die Unhaltbarkeit des Wehrsystems. Der Verlust Bosniens hatte für Ungarn dieselbe Bedeutung, wie für eine Festung der Verlust eines grossen Vorwerkes. Dennoch weigerte sich der magyarische Adel, den Matthias, auf die Verfassung gestützt, aufgeboten hatte, ihm ausser Landes zu folgen, indem er sich auf denselben Artikel der Urkunde berief. Den Beweggrund seiner Verfassungstreue erklärt die Naivität, mit welcher der Adel dem Könige, statt seines Schwertes, Summen zur Aufstellung eines Soldheeres anbot, und die Bereitwilligkeit, mit welcher er dieselben zahlte.

Die offenbare Untüchtigkeit des magyarischen Adels im Felde, die Erfolge, welche er mit seinen Soldtruppen gegen die Türken errang, sein Triumph als Eroberer Bosniens leiteten Matthias bei seinen Reformen im Wehrsystem.

Die Fortschritte der Kriegskunst konnten ebenfalls nicht ohne Wirkung bleiben.

Die Verfassung bestimmte die königlichen Söldner zu Angriffs-, das Landesaufgebot zu Vertheidigungskriegen. Matthias entwickelte das Heerwesen von demselben Gesichtspunkte aus.

Das Aufgebot bestand aus Reiterei und Fussvolk, den Bannern des Adels, dessen kriegerischer Geist erloschen war, und der Comitatsmiliz, den Unterthanen, welche der Adel von dem Pfluge unter die Fahnen der Comitate sandte, welche erst die Waffen führen lernten, während der Feind im Anmarsche war.

Mit einem solchen Heere konnte Matthias die Eroberer Je-
rusalems und Constantinopels, die Sieger von Nikopolis und
Varna nicht in ihren Fortschritten aufhalten.

Die Hussiten hatten eine neue Kriegskunst geschaffen.
Adelige Reitergeschwader konnten keine Schlacht mehr ent-
scheiden, seitdem Geschütz und Fussvolk die Siege Žižka's und
Prokops des Geschorenen erfochten hatten.

Matthias erzielte vorerst einen Reichstagsbeschluss, dass
Jeder, welcher dem Landesaufgebot nicht Folge leiste, Gut und
Leben verwirke. Dann erlaubte er seinem tapferen Adel, sich
von dieser Pflicht durch Steuern loszukaufen: eine Erlaubniss,
von welcher derselbe den umfassendsten Gebrauch machte.

Anstatt jedoch jetzt das Hauptgewicht auf die Comitatsmiliz zu legen, den Bauer dem adligen Drucke zu entziehen
und, gleich dem genialen Žižka, aus demselben ein Fussvolk zu
bilden, verwendete der König die Summen, mit denen sich der
Adel loszukaufen beeilte, zur Aufstellung eines stehenden Heeres
von 30,000 Mann, dessen Kern kriegsgeübte Böhmen bildeten.

Die Siege, welche Matthias mit diesem Heere errang, konnten
das nationale Bewusstsein, den kriegerischen Geist der Magyaren
ebensowenig heben, als Niederlagen den Verfall desselben beschleunigen.

Während Matthias mit seinen fremden Bataillonen in Breslau,
Olmütz, Wien im Triumphe einzog, bestieg der magyarische
Edelmann sein Pferd nur als Reisegelegenheit oder zur Jagd, wurde
der Säbel desselben ein Toilettengegenstand, und der magyarische Bauer hatte nur Gelegenheit, seine Kraft und Geschick-
lichkeit in der Führung des Dreschflegels und der Sense zu
zeigen.

Dem Kriegswesen entsprechend, reformirte Corvinus die
Finanzen. Der Adel war mit dem europäischen Staatsleben
vertraut geworden, er konnte sich nicht länger der Ueberzeugung verschliessen, dass die Ausgaben des Staates nicht die

Ausgaben des Königs seien, und dass sie aus dessen Einkünften um so weniger bestritten werden könnten, als dieselben durch eine Unzahl von Privilegien auf das äusserste geschmälert waren. Der Reichstag sanctionirte ein neues Steuersystem, einen Zoll, den jeder In- und Ausländer zu entrichten hatte, und eine allgemeine Abgabe. Alle Privilegien der Steuerfreiheit erloschen, nur jene des Adels wurden feierlich erneuert; dagegen die Zurückgabe der königlichen Güter mit aller Strenge durchgeführt. — Die Bemühungen des Königs, den Nationalreichthum zu heben, waren nicht mit demselben Erfolge gekrönt. Vergebens rief er neuerdings Handwerker aus Deutschland und Italien in seine Städte. Die Eroberungen der Türken hatten die Lebensader des Reiches, den Handel mit dem Oriente, zerschnitten; die übrigen Handelswege hatten die kriegerischen Unternehmungen des Königs in Heerstrassen verwandelt. Auch gelang es ihm ebensowenig wie seinen Vorgängern, die Städte zu einem Bildungselemente seines Volkes zu machen; sie blieben demselben ebenso fremd, wie seine übrigen Anstalten.

Während italienische Baumeister die Prachtbauten von Ofen, Stuhlweissenburg, Vissegrad aufführten, berühmte Italiener und Deutsche an der von Matthias gegründeten Hochschule zu Pressburg lehrten, 32 Schreiber die Meisterwerke Griechenlands, Roms, Italiens für seine Bibliothek copirten, die in 50,000 Bänden die Weltlitteratur enthielt, in Ofen eine Gelehrtengesellschaft, eine deutsche Buchdruckerei in seinem Sinne thätig waren, Janus Panonius zierliche lateinische Verse dichtete: konnten die Grossen seines Reiches weder lesen noch schreiben, und die Sitten seines Volkes waren die der goldenen Horde.

Die äussere Politik des König Matthias hatte, wie seine innere, die wahren Interessen Ungarns im Auge.

Seine Nachbarn im Süden waren ein Volk von Eroberern, das unaufhaltsam bis an die Grenze Ungarns gedrungen war. Sein Reich war jetzt zunächst dem Angriffe desselben ausgesetzt. Der leitende Gedanke aller seiner Unternehmungen war, aus Ungarn die grosse Ostmark Europa's, des Christenthums, der Bildung gegen die Türken zu machen und dieselben nach Asien zurückzuwerfen.

Nachdem Matthias durch glänzende Siege die Vorwerke Ungarns, die Moldau, Walachei, Serbien, Bosnien, den Türken entrissen hatte, traten Verhältnisse ein, welche seine Pläne zu krönen versprachen.

Die Kirche sprach über Georg Podiebrad den Bann aus, Papst und Kaiser forderten Matthias auf, Böhmen in Besitz zu nehmen.

Des Königs Marsch nach Mähren war der Beginn eines Kampfes zwischen Ungarn, Böhmen und Oesterreich um die Vorherrschaft in den gegenwärtigen Provinzen des österreichischen Staates, welcher durch ein Vierteljahrhundert mit abwechselndem Glücke geführt und erst über dem Grabe des Matthias für Habsburg und Oesterreich entschieden wurde.

Die Auflehnung seines Volkes gegen diesen Krieg, blutige Kämpfe mit den Türken, die Tapferkeit der Böhmen hinderten Matthias seine Entwürfe vollkommen auszuführen. Er eroberte und behauptete Mähren, Schlesien und Oesterreich, konnte jedoch seine Eroberungen zu keinem Staate vereinigen, an dessen Spitze er stark genug gewesen wäre, die Türken aus Europa zu drängen, und die Böhmen wählten nach dem Tode ihres grossen nationalen Königs den Verbündeten Podiebrads Wladislaw den Jagelonen.

Matthias kämpfte wie ein Held bis zu Ende für den Gedanken seines Lebens; er sah seine Bemühungen, seinem Sohne den Thron zu sichern, wie seine Pläne scheitern und starb so ohne Bürgschaft, dass sein Nachfolger zu Ende führen werde, was er begonnen, also ohne Bürgschaft für die Zukunft und das Bestehen Ungarns.

Unaufhaltsam ging dasselbe seiner Auflösung entgegen.

Was das Reich unter Matthias war, ist nur des Königs Grösse. Die Majestät seiner Natur zwang den Adel, selbst die Reformen zu beschliessen, welche die Willkür und die Privilegien des Adels beschränkten; sie entwaffnete die Rebellion, welche die Ausführung dieser Reformen zu hindern suchte.

Matthias Hunyady wurde zu der Regierung eines Landes berufen, dessen Verfassung, dessen Gesetze ausser Wirksamkeit gesetzt waren; das kein Staatseinkommen besass und nicht im Stande war, ein Heer in das Feld zu stellen, und hinterliess dasselbe im Genusse der Verfassung, der Gesetze, mit geordneten Finanzen, dem kriegstüchtigsten Heere und einer Machtstellung in Europa. Die Entwicklung der Nation hatte er versäumt. Sein Volk blieb roher Stoff für die bildende Kraft der Zukunft, während seine Anstalten den sittlichen Verfall des Adels noch beschleunigten.

Dieser Adel, dessen Privilegien die Rebellion, der Vaterlandsverrath geworden waren, sah auch die Freiheit als sein Privilegium an. Die Herrschaft der Gesetze, Steuern zahlen, Soldaten stellen galt ihm gleich mit Tyrannei. Ein König wie Matthias war ihm, was den Niederlanden Philipp II.

Die Magnaten verschworen sich an seinem Sterbebette, nur einen König zu wählen, „den sie beim Schopfe halten könnten."

Aus ihrer Reihe traten damals zwei Familien in den Vordergrund, welche unter den Nachfolgern des Matthias um den Einfluss am Hofe und im Lande rangen, zwei grosse Parteien bildeten, bald den König, bald den niederen Adel zu ihrem Werkzeuge machten und mehr als einmal die Hand nach der Krone ausstreckten: die Familien Báthory und Szápolya, deren Namen seitdem durch mehr als ein Jahrhundert mit den Geschicken Ungarns auf das innigste verwebt sind.

Stephan Báthory und Stephan Szápolya standen schon nach dem letzten Athemzuge des grossen Königs an der Spitze zweier wohlorganisirten Parteien. Beide wagten es nicht, für sich um die Krone zu werben, sie boten sie fremden Fürsten, Szápolya dem Könige Wladislaw von Böhmen, Báthory dessen Bruder, dem polnischen Prinzen Albert an. Noch andere Bewerber traten auf, Johann Corvinus und Maximilian von Oesterreich. Der Adel übertrug Szápolya das Schiedrichteramt. Der hob seinen Sohn Johann auf den Arm. „Wenn Du gross wärst!" rief er, „Dich würde ich jetzt zum Könige von Ungarn machen!" Von da an war sein wie des Sohnes ganzes Leben dieser einen grossen Idee geweiht, die Krone des heiligen Stephan dem Hause Szápolya zu erringen.

In diesem Sinne lenkte er jetzt die Wahl. Bei derselben empfahlen nicht Vorzüge, sondern Schwächen. Wladislaw, der Jagelone, hatte in Böhmen Proben seiner Regierungskunst abgelegt, die jetzt die Wahl zu seinen Gunsten entschieden.

Die Fortschritte Böhmens und Ungarns schienen durch Podiebrad und Corvin so fest begründet, dass selbst ein schlechter, feiger, blöder Fürst nicht für fähig zu halten war, dieselben zu zerstören. Wladislaw II., ihr Nachfolger, war gut, tapfer, verständig. Dennoch gelang es ihm, in wenig Jahren beide Reiche mit Unglück und Schande zu überhäufen. An der Spitze eines Heerhaufens, vielleicht noch mehr in einer Abtei, hätte er seinen Platz mit Würde und Klugheit ausgefüllt; auf dem Throne war von der Tapferkeit eines Feldhauptmanns, der Behäbigkeit eines Prälaten kein Heil zu erwarten.

Die Magnaten hatten ihren Mann gut gewählt. Diese Wahl entschied ihr Uebergewicht im Reiche, aber sie entschied auch Ungarns Untergang.

Während das grosse Reich der Magyaren an der Donau, dessen Volk ebenso unfähig war, sich selbst zu entwickeln, als sich der europäischen Entwicklung anzuschliessen, nach kurzer Blüthe die ersten Spuren der Verwesung zeigte, entfaltete sich an dem oberen Laufe des Flusses das kleine Oesterreich, das während der Regierung des Matthias zu einer Provinz Ungarns herabgesunken war, durch die ebenso kluge als entschiedene Politik des Hauses Habsburg, durch die Triebkraft seines Volkes zu einem mächtigen Staate, welcher sich, zu derselben Zeit wo Ungarn unterging, zu einer Weltmonarchie auszudehnen schien und endlich die Völker an dem Fusse der Alpen und Karpathen, an der Donau und Elbe unter seinem Scepter zu einem Ostreiche vereinigte, das dem Sturme der Jahrhunderte trotzend seine Machtstellung in Europa behauptet.

Die Krönung Wladislaws II. eröffnete den hundertjährigen Kampf der Habsburger und Szápolya um Ungarn.

Das Haus Habsburg konnte bei dem Beginn nicht würdiger vertreten sein. Der Abstand zwischen Kaiser Friedrich IV. und Maximilian I. war nicht geringer als zwischen Matthias und Wladislaw.

In Ungarn folgte jedoch dem grossen Könige der Magyaren ein Schattenfürst, dagegen dem armseligen Nebenbuhler des Matthias der Sieger von Guinegate, der letzte Ritter. Sein Gegner Szápolya' war der zähe, listige, heissblütige Magyare, ein Emporkömmling, der kein Mittel scheute.

Sie kämpften lange mit abwechselndem Glücke. Maximilian jagte die Magyaren aus Oesterreich und zwang durch sein Vordringen in Ungarn Wladislaw zu einem Erbvertrag. Szápolya bewog den Reichstag, demselben seine Bestätigung zu verweigern. Thomas Bakacs, der den Vertrag geschlossen hatte, wurde Kanzler, dagegen Szápolya Palatin. Diese beiden wurden Führer einer österreichischen königlichen und einer magyarischen Oppositionspartei.

Johann Szápolya spann nach dem Tode seines Vaters dessen Pläne fort. Die Vermählung des Königs durchkreuzte, die Geburt einer Prinzessin, Anna, begünstigte dieselben. Ja durch eine gefährliche Krankheit des Königs war die Krönung der Absichten Szápolya's so nah gerückt, dass er, von der Zustimmung des Reichstages getragen, dem Könige den

Antrag machen konnte, den Vertrag mit Oesterreich zu vernichten und ihm mit der Hand seiner Tochter die Nachfolge zu übergeben.

Nahe dem Ziele sollte der Prätendent scheitern. Wladislaw zeigte sich unerschütterlich. Szápolya liess kein Mittel unversucht, Wladislaw sich durch keines bestimmen. Vergebens reizte Szápolya den Adel zu offener Empörung, vergebens beschloss der Reichstag, wenn Wladislaw ohne Erben sterbe, keinen fremden Fürsten zu wählen, vergebens wiederholte Szápolya seine Werbung um die Prinzessin, vergebens nahm der König von Polen, Wladislaws Bruder, die Partei seines Schwagers Szápolya.

Die Geburt eines Kronprinzen Ludwig vollendete Szápolya's Niederlage. Die letzten verzweifelten Schritte Szápolya's — eine Verschwörung, welche Wladislaw stürzen und ihn auf dessen Thron heben sollte, ein meuchlerisches Attentat auf das Leben des Königs — beschleunigten nur die Entscheidung zu Gunsten Oesterreichs.

Im Jahre 1515 fand in Wien eine Zusammenkunft der Habsburger und Jagelonen statt. Am 22. Juli wechselten der Kronprinz Ludwig mit der Erzherzogin Maria, ihr Grossvater Kaiser Maximilian in dem Namen ihres Bruders, des Erzherzogs Ferdinand, mit der Prinzessin Anna von Ungarn im Dome zu St. Stephan feierlich die Ringe. Ein Artikel des Heirathsvertrages bestimmte Anna und Ferdinand zu Erben und Nachfolgern Ludwigs.

Dieser Vertrag sicherte trotz dem raschen Fortschritte der inneren Auflösung Ungarns dem Volke der Magyaren eine Zukunft und Rettung vor jenem Schicksale, das die blühenden Provinzen des ehemaligen byzantinischen Reiches bis jetzt der Civilisation, dem materiellen und geistigen Wohlstande vollkommen entzogen hat.

Während der Regierung Wladislaws wetteiferten die Reichstage in der Zerstörung aller jener Anstalten Corvins, welche den Untergang Ungarns aufgehalten hatten.

Die alten Steuern, die alten Privilegien wurden hergestellt.

Nicht genug, dass das Staatseinkommen hierdurch so verringert wurde, dass dasselbe nicht einmal für die Vertheidigung der Grenze genügte : die Magnaten suchten sich noch von demselben zu bereichern.

Der Adel zahlte nicht einmal die wenigen Steuern, die er bewilligte; und als der König, welcher sich einmal satt essen wollte, selbst eine Steuer ausschrieb, erklärte derselbe Adel Jeden für ehrlos, der dieselbe zahle. Böhmen bestritt lange Zeit den königlichen Haushalt, die Verwaltung und Vertheidigung Ungarns.

Das stehende Heer wurde aufgelöst und das Landesaufgebot, welches vor dem Zusammenstosse mit dem Feinde auseinanderzulaufen pflegte, als Ersatz bestimmt.

Die Reichstage wurden von dem hohen Adel so in die Länge gezogen, dass der arme Adel vor der Beschlussfassung heimkehren musste und der erstere stets die entscheidende Stimme behielt.

Der hohe Adel benützte dieselbe, um die Autonomie, die Freiheit der Comitate auf das äusserste zu beschränken, die Geschwornengerichte in denselben abzuschaffen und Gesetze zu erlassen, welche dem Landesverrathe die Straflosigkeit sicherten, um Verböczy's Tripartitum in das Leben zu rufen, d. i. eine Sammlung aller alten Gesetze und Gebräuche zu veranstalten und diesem barbarischen Unsinn neuerdings im Namen der Nation feierlich die Sanction zu ertheilen, und um die Rechte des Königs, des niederen Adels, des Unterthans täglich zu verletzen. Der Uebermuth der Magnaten, der Mangel an gesetzlichem Schutze erhob die Selbsthülfe zum allgemeinen Brauch, den Bürgerkrieg zum normalen Zustand in Ungarn.

Die Magnaten kämpften unter einander, der niedere Adel

suchte die Besitzthümer des hohen Adels mit Feuer und Schwert heim, und als in Ungarn das Kreuz gepredigt wurde und 80,000 Bauern dasselbe auf ihre Brust hefteten, da wandte das Kreuzheer anstatt gegen die Türken gegen die grausameren Feinde im Inneren die Waffen.

Der Szekler Dozsa entfaltete das rothe Banner des Bauernkrieges in Ungarn und verkündete den Magyaren Angesichts des Jus Tripartitum und einer Verfassung, die nur den Edelmann als Staatsbürger anerkannte, das Evangelium der Gleichheit in allen göttlichen und menschlichen Einrichtungen. Ein fürchterliches Schlachten begann von beiden Seiten. Der Adel gewann zuletzt die Ueberhand und rächte die Zerstörung von Hunderten von Edelsitzen und den Mord ihrer Besitzer mit mongolischer Grausamkeit durch den Mord von Kind und Kindeskindern. Der magyarische Prophet des Communismus wurde auf einem eisernen Throne gebraten und die Bauern auf einem allgemeinen Reichstage ihrer Freiheiten beraubt und zu ewiger Leibeigenschaft verurtheilt.

Bürgerkrieg und Türkeneinfälle vernichteten wieder die spärlichen Keime menschlicher Cultur in Ungarn. Während der Adel seinen Unterthan durch das Gesetz zur Sache herabwürdigte, sank er selbst zum Thiere herab. Wladislaw war auch kein Augustus. Die fremden Gelehrten und Künstler, welche Matthias berufen hatte, verliessen die Hochschulen wie den Hof eines Königs, dessen Freigebigkeit darin bestand, die Bücher der weltberühmten corvinischen Bibliothek zu verschenken.

II. Ungarns Untergang.

Der Tod Wladislaws rief im Jahre 1516 seinen Sohn als Knaben auf den Thron.

Die Erbschaft Ludwigs II. war nicht geeignet, Neid zu erwecken; dennoch reizte sie Szápolya nicht minder als den römischen und türkischen Kaiser; sie bestand in Aufruhr, Niederlagen, Schulden.

Der Mann, welcher dieselbe antreten wollte, ohne sich dem Verderben zu weihen, musste mit den Tugenden eines Herrschers jene eines Heerführers und Diplomaten, eines Gesetzgebers und Finanzmannes vereinigen. Unbeugsamer Wille, rastlose Thätigkeit mussten diese Eigenschaften begleiten. Er musste selbst regieren.

Konnte man dies von dem Sohne Wladislaws erwarten?

Ludwig II. war ein Kind, als er zu der Erfüllung einer solchen Aufgabe berufen wurde, aber eines jener frühreifen Kinder, deren nervöse Erregbarkeit und ausserordentliche Fähigkeiten man gewöhnlich als Vorboten eines frühen Todes betrachtet. Eine zweckmässige Erziehung konnte aus ihm einen Herrscher machen, wie ihn sein Reich und seine Zeit nöthig hatten. Die Wahl seiner Erzieher sollte für die Zukunft zweier grossen Reiche entscheidend werden. Dieselbe war tadellos.

3

Der junge König entwickelte bald Eigenschaften, welche die Magnaten erschreckten. Die adlige Umgebung begann den Einflüssen der gelehrten Italiener entgegen zu arbeiten. Die Erregbarkeit Ludwigs wurde benützt, ihn zu verderben. Genügten Gelage, Tanz und Spiel nicht, den regen Geist von Studium und Staatsgeschäften abzuziehen, so gelang es dem kriegerischen Glanze des Turnieres, dem geistigen Reize des Schauspiels, den Liebkosungen üppiger Weiber.

Als dies erreicht war, durften die Magnaten seines Reichsrathes nicht mehr um ihre Allmacht besorgt sein.

Ludwigs Dasein war von da an eine Art Traumleben. Derselbe Staatsschatz, der seine Vergnügungen bestritt, blieb den Truppen an der Grenze ihren Sold schuldig. Staatsgeschäfte erregten Ludwig Ekel. Er handelte nicht nach Grundsätzen und Entschliessungen, sondern nach Einfällen und Launen. Wie ein verzogenes Kind musste der königliche Jüngling einen Falken, einen Schmuck, ein Kleid das ihm gefiel, auch gleich besitzen. Schien er Herr zu sein, weil alle seine Wünsche erfüllt wurden, so war er im Gegentheile Sclave derjenigen, welche sie erfüllten.

Die Symptome politischer und moralischer Auflösung mehrten sich unter seiner Regierung.

Während die Fortschritte der Türken in allen Theilen der alten Welt Europa in Schrecken setzten, benahmen sich die Magyaren, als wenn ein Volk friedlicher Handelsleute und Gewerbtreibenden an ihrer Südgrenze wohnen würde; während der Papst sich bemühte, einen Bund der christlichen Fürsten gegen den Sultan zu schliessen, verlangte der ungarische Reichsrath vergebens von den adeligen Vertretern des Volkes die geringen Summen, welche eine erfolgreiche Vertheidigung der Grenze gegen die wiederholten Einfälle der Türken in Anspruch nahm.

Der niedere Adel machte jetzt verzweifelte Versuche, dem Verfalle seines Vaterlandes Einhalt zu thun. Auf einer bewaffneten Versammlung zu Bacs beschloss er 1518 eine allgemeine Conscription der Unterthanen als Grundlage des Aufgebotes der Comitatsmannschaft, beschloss die königlichen Besitzungen und Einkünfte auszulösen, eine Steuer, um die Schulden des Königs zu zahlen und die Grenzen wirksam zu vertheidigen; endlich die Verfassung und die Gesetze wieder in volle Wirksamkeit zu setzen.

Der Reichsrath verschaffte diesen Beschlüssen die königliche Sanction und berief 16 Räthe aus dem niederen Adel an seinen Tisch.

In Kurzem sah jedoch der niedere Adel seine Beisitzer wieder ausgeschlossen, die Ausführung der Bacser Beschlüsse hintertrieben. Jetzt griff er zu dem gewöhnlichen Mittel des hohen Adels, der Steuerverweigerung. Der König konnte sich kaum mehr satt essen und empfing die Botschafter fremder Mächte unter dem prächtigen Thronhimmel Matthias Corvins in zerrissenen Stiefeln.

Die Staatsmaschine begann stille zu stehen. — Szápolya, dessen Hoffnungen, zuerst Reichsverweser des unmündigen Königs, dann Palatin zu werden, die königliche von Báthory geführte Partei vereitelt hatte, trat mit offener Feindseligkeit allen Interessen des Königs entgegen.

Je grösser die Gefahr wurde, Szápolya auf dem Throne oder den Sultan vor Ofen zu sehen, um so mehr gewann bei einem grossen Theile der Nation die Ueberzeugung Raum, dass Ungarn allein nicht mehr bestehen könne, dass nur der innigste Anschluss an Oesterreich die Magyaren davor retten könne, die Sclavenmärkte und die Harems der Osmanen zu füllen.

Jener Vertrag mit Maximilian, welcher als Teufelspact gegolten hatte, wurde jetzt als der Schutzbrief der Nation angesehen.

Als Erzherzog Karl seinem Grossvater Maximilian im Sommer 1519 als Karl V. auf den Kaiserthron folgte, Deutschland,

Oesterreich, die Niederlande, Spanien, das Königreich beider Sicilien und ausgedehnte Gebiete in Afrika und Amerika unter seinem Scepter vereinigte; da erinnerte der ungarische Reichsrath den Herrn der alten und neuen Welt demuthsvoll daran, dass seine Schwester mit dem Könige von Ungarn an dem Altare der St. Stephanskirche den Ring gewechselt habe.

Karl V. nahm die Politik Karls des Grossen auf. Die Idee einer christlichen Weltmonarchie leitete seine Entwürfe, seine Unternehmungen. Er verband sich mit dem Perserschah gegen den Sultan; sollte er das Bündniss seines königlichen Nachbars verschmähen, das seinem Hause die Krone des heiligen Stephan in Aussicht stellte?

Der Kaiser vollzog die Vermählung seiner Schwester Maria mit Ludwig II. und seines Bruders Ferdinand mit Ludwigs Schwester Anna Jagello. Damals trat er Ferdinand feierlich die Herrschaft in Oesterreich ab, indem er ihm das Erzherzogthum, die Steiermark, Kärnthen, Krain und Tyrol überliess.

Im Herbste 1520 war Sultan Selim, der Eroberer Armeniens, Syriens, Palästina's, Arabiens und Aegyptens, gestorben.

Der Regierungsantritt Solimans war eine Kriegserklärung gegen das christliche Europa.

Die osmanischen Galeeren sollten bald die Inseln und Küsten des Mittelmeeres plündern, die Spahis ihre Rosse in der Donau tränken, die Janitscharen auf Ofen und Wien Sturm laufen. Gesandte Solimans waren unter dem Vorwande, den Waffenstillstand seines Vorgängers zu verlängern, an den ungarischen Hof gekommen, um das Reich, seinen Zustand, seine Hilfsquellen kennen zu lernen. Als der ungarische Reichsrath, unfähig einen Entschluss zu fassen, den Rath des Papstes einholte und Soliman lange vergebens die Rückkehr seines Gesandten erwartet hatte, liess er die Kriegsfahne entfalten. Zu derselben Zeit, als die Trauung König Ludwigs II. mit der Erzherzogin Maria von Oesterreich zu Innsbruck durch Procuration vollzogen wurde, eroberte der Sultan Bosnien und unterwarf die Hospodare der Moldau und Walachei seiner Hoheit.

Die ungarischen Festungen waren ohne genügende Besatzung, ohne Geschütz, Munition, Lebensmittel. Seine Paschas nahmen Szrebernik, Tessna, Szokal, Szabacz, während sich Semlin dem Grossvezier ergab und der Sultan selbst mit 200,000 Mann vor Belgrad erschien. Angesichts der rauchenden Trümmer seiner Festungen, der türkischen Heeresmassen, kam König Ludwig zur Besinnung. Die guten Anlagen seiner Kindheit traten hervor. Seine Gesandten eilten an alle Höfe, um Beistand zu suchen, seine Boten ritten durch Ungarn, um den Adel, die Comitatsmannschaft aufzubieten, nach Böhmen, um Zuzug zu verlangen.

Derselbe König, welcher vor wenig Tagen mit Komödianten und Buhlerinnen gespielt hatte, schnallte jetzt den Panzer um, derselbe König, über den sein Hof gelacht hatte, beschämte jetzt den magyarischen Adel und die Fürsten der Nachbarschaft.

Von wenig Reitern begleitet, eilte er nach Bacs dem Feinde entgegen. Sein Schwager Ferdinand von Oesterreich sandte ihm Hilfsvölker, das ungarische Landesaufgebot stiess jedoch so spärlich zu ihm, dass er sich mit dem Erfolge eines Reitergefechtes begnügen musste, während am 30. August 1521 nach zwanzig Stürmen von den Thürmen Belgrads das: „Es ist kein Gott als Gott und Mahomed ist sein Prophet" ertönte.

Soliman zog im Triumphe mit seinen Trophäen in Stambul ein; Ludwig II. kam krank, gebrochen, ohne Gefolge nach Ofen. Der Sultan um in den Armen seiner Favoritin Kasseki Kourem seinen Sieg zu feiern; Ludwig um bei dem Hochzeitfeste mit Maria den Verlust der Festungen zu vergessen, welche als der Schlüssel Ungarns galten. Er führte seine Gemahlin Maria nach Stuhlweissenburg, wo sie vor dem ungarischen Landtage gekrönt wurde. Ludwig liess sich volljährig erklären, während er erklärte, er werde von nun an selbst regieren. Das Vergnügen seines Beilagers wurde durch die Nachricht erhöht, dass Soliman seinen nächsten Angriff gegen die Johanniter auf Rhodus richten werde.

Die junge Königin von Ungarn sollte jedoch für ihren Gatten und ihr Reich mehr sein als ein schönes Weib, mehr als das liebliche Unterpfand eines mächtigen politischen Bündnisses.

Maria von Oesterreich wurde am 13. September 1504 in dem Schlosse Kaudenberg zu Brüssel geboren. Sie war die Tochter des Erben von Burgund, Philipp des Schönen von Oesterreich, und jener Donna Johanna, welche die Kronen Spaniens vereinigte und an der Leiche ihres Gatten wahnsinnig wurde.

Die Kinder Johanna's wuchsen, mit Ausnahme Ferdinands, der in Spanien erzogen wurde, in den Niederlanden unter der Aufsicht ihrer Tante Margarethe von Savoyen auf.

Wie viel künftige Grössen, welche Namen, welche Charaktere waren damals in einer flämischen Kinderstube zusammengedrängt. Die Kinder, welche in derselben spielten, beherrschten in wenig Jahren die alte und neue Welt. Karl, später Karl V., in dessen Reiche die Sonne nicht unterging, ein ewiger Frühling blühte, dessen Heere wie die römischen Legionen im Triumphe durch die Welt zogen, das Banner Habsburgs am Tessin und der Elbe, an der Rhone und Marne, auf den Wällen der Siebenhügelstadt, in dem Wüstensande Afrika's und dem goldreichen Boden Mexiko's siegreich aufpflanzten; Karl, vor dessen Namen ein Soliman floh, dessen Anblick genügte einen Aufstand zu beschwören, welcher Philipp II. die Niederlande entriss; Eleonore nacheinander mit den Kronen Portugals und Frankreichs; Katharina, nach ihr mit dem Purpur Portugals geschmückt; Isabella auf dem Throne der drei skandinavischen Reiche; Maria erst in Ungarn und Böhmen, dann in den Niederlanden herrschend.

Die Prinzessinnen waren der Obhut der Anna von Beaumont übergeben, welche ihre Aufgabe als Erzieherin nach dem Maassstabe ihrer Zeit vortrefflich löste.

Das Wissen ausgezeichneter Persönlichkeiten jener Tage, eines Matthias Corvinus, Karl V. findet man gegenwärtig durch jeden kleinen Schüler übertroffen.

Die Bildung der Frauen war noch geringer als jene der Männer.

Die Erziehung Karls V. war sorgfältig. Seine Tante Margarethe, eine Dame, deren Bildung ihre Zeit weit überragte, leitete dieselbe, der ritterliche Wilhelm von Croy, Herr von Chievres, und der nachmalige Papst, Professor Adrian von Utrecht, welcher Schüler wie Erasmus von Rotterdam bildete, waren seine Lehrer, und was lernte er?

Ausser ritterlichen und körperlichen Uebungen: Lesen und unorthographisch schreiben, einen Abriss der Weltgeschichte im Chronikenton, das Nothdürftigste aus den mathematischen Wissenschaften, ein wenig Clavier und in mehreren Sprachen plaudern. Schon als er ein wenig Latein lernen sollte, empörte sich der Knabe mit den Worten: „Glauben Sie, dass mein Grossvater aus mir einen Schulmeister machen will?"

Welcher Art mag erst der Unterricht gewesen sein, der Maria zu Theil wurde?

Wie ihr Bruder Karl V. zeigte sie früh eine leidenschaftliche Freude an ritterlichen Uebungen, Jagd, Pferden, Waffen, Interesse für Geschichte, die schönen Künste und lebende Sprachen. Sie zeigte denselben Ernst, aber eine seiner Bedächtigkeit entgegengesetzte Lebhaftigkeit in Fragen und Antworten; hörte, im Gegensatze zu ihrer phantastischen Schwester Eleonore, lieber von grossen Thaten, von öffentlichen Angelegenheiten, als Märchen und Legenden erzählen. So empfing sie zeitig nach unsern Ansichten unentbehrliche, nach damaligen ungewöhnliche Kenntnisse. Die schöne Bibliothek des Carl von Croy, Fürsten von Chimay, welche bei dem Unterrichte Karls V. so wesentliche Dienste leistete, kam auch ihr zu Statten. Sie stand öfter vor den Bücherschränken als vor dem Spiegel.

Die ersten Eindrücke sind meist bestimmend für den Charakter. Es war genug, dass Maria's Geist statt auf Anzug, Geschmeide, Vergnügungen, zeitig auf Geschichte, Staat, Wissenschaft, Kunst gelenkt wurde. Unterricht hat mehr den Zweck zu dem Studium zu führen, als Kenntnisse zu geben. Was sie später wusste, dankte Maria meist sich selbst. Für ihre Zeit ausserordentlich gebildet, kam sie doch an Kenntnissen einem wohlerzogenen Mädchen der Gegenwart nicht gleich; aber sie war mehr als gebildet. Sie fand nicht bloss Geschmack an Gemälden, Musik, an Büchern, ihr Inhalt mochte der Dichtung oder Wissenschaft angehören, sie wusste dieselben zu wählen, zu beurtheilen, und für das Leben fruchtbar zu machen.

Nicht das wie viel, sondern wie man lernt, bildet den Menschen. Weit unterrichtetere Frauen werden Maria nachstehen, wo es gilt einen Staat zu regieren, die Verhandlungen mit fremden Mächten zu leiten, ein Land zu verwalten, einem Volke Recht zu sprechen, ein Heer in das Feld zu führen.

Eine befähigte Natur macht aus wenigem Material sehr viel. Die Geschichte zeigt uns in vielen ihrer Grössen Charaktere, die mit geringen Kenntnissen durch eine Art Divination sich über das gewöhnliche Maass menschlicher Leistungen weit erhoben; Charaktere, welche die Früchte des Studiums durch das Genie, die Thatsachen, die Menschen, die Zeit, die Verhältnisse aufzufassen, ersetzen.

Menschen, welche eine grosse und vielseitige Bildung besitzen, sind selten Leute der That. Vieles Wissen macht vielseitig, Vielseitigkeit bedenklich, unentschlossen. Einseitigkeit giebt Thatkraft. Gerade das, was wir an den Frauen bewundern: praktischer Sinn in jeder Beziehung, das rasche Zurechtfinden in gegebenen Verhältnissen, der sichere Blick für die Gegenwart, steht in dem innigsten Zusammenhange damit, dass das Weib nicht frühzeitig durch Kenntnisse erdrückt wird, dass ihr Geist mehr durch das Leben und Erfahrung als durch die Wissenschaft und das Studium gebildet wird.

Keine Zeit ist reicher an grossen und einflussreichen Frauen als die Maria's, die Zeit der Damenkriege und Damenfrieden. Sie herrschten von Konstantinopel, wo „der Schatten Gottes auf Erden, der Kaiser der Welt" Soliman, Sclave einer Sclavin wurde, bis zu den britischen Inseln, wo das freieste und intelligenteste Volk unter dem Scepter einer Maria Tudor seufzte. Sie umgaben die beiden mächtigsten Gegner des Jahrhunderts; leichtfertig, treulos, intriguant wie jene Herzogin von Estampes, ähnlich den unsichtbaren Mächten der Märchen, den französischen Sultan — würdevoll, mit Thatkraft und Herrscherweisheit an seiner Regierung Theil nehmend wie die Kaiserin Isabella, die Regentinnen Margarethe von Savoyen, Juana, Maria von Ungarn, den Herrn der alten und neuen Welt, den grossen Kaiser Karl V.

Und doch wurden in dieser Zeit des Frauenregiments gerade die regierenden Frauen wie Sclavinnen behandelt, wie Waare des Frauenmarktes von Stambul verkauft, für politische Vortheile aller Art, für Kronen, Ländereien, ja sogar für Geld, das die europäische Civilisation beschönigend Brautgabe nannte.

Sollte das Schicksal Maria's ein anderes werden als das anderer Fürstentöchter, als das ihrer Tanten und Schwestern? Gerade das Haus Oesterreich hatte damals einen Ruhm erworben, den das Epigramm des Matthias Corvinus so fein bezeichnet:

„Bella gerant alii: tu felix Austria nube,

Nam quae Mars aliis, dat tibi regna Venus!"

Seine Heirathspolitik wurde sprichwörtlich. Maximilian verdient noch mehr den Namen des Heirathsstifters als Friedrich IV. Theuerdank, der letzte Ritter erfocht wirklich noch grössere Siege im Brautbette als auf dem Schlachtfelde. Oesterreichs Wachsthum in dieser Zeit ist beispiellos.

Unter Friedrich IV. schien es noch einmal zu dem babenbergischen Erzherzogthum zusammenzuschrumpfen, unter Karl V. herrschte es in drei Welttheilen.

Die Mitgift der Maria von Burgund waren die Niederlande, jene der Johanna die Kronen Spaniens, Orans und beider Sicilien, die Entdeckungen in einer neuen Welt.

Konnte die Tochter dieser Johanna eine andere Bestimmung haben als derselben Politik zu dienen? — Ihre Erziehung war nicht umsonst dem feinen politischen Kopfe ihrer Tante anvertraut. Maria war als Kind schon bestimmt die Gemahlin Ludwigs II. zu werden, Ungarn für Oesterreich gegen den Sultan zu behaupten.

Als sie den Thron des Matthias Corvinus, an der Seite des letzten Königs der Magyaren, bestieg, zählte sie 15 Jahre. Ludwig war ein Jahr jünger, aber ein Jüngling, mit dem vollen Barte eines Mannes. Keine Ehe wurde mehr als die ihrige durch Politik, beiderseitigen Vortheil geschlossen; keine Ehe, welche die Liebe schloss, war glücklicher als die ihrige. Beide Gatten waren so jung, dass sie sich leicht in einander finden konnten.

Der Besitz Maria's machte auf Ludwig einen ähnlichen Eindruck wie der Verlust seiner Festungen. Ihr Erscheinen genügte, die Maitressen, die Schauspieler zu verjagen. In wenig Tagen errang sie einen grösseren Einfluss auf den König, als seine Erzieher, seine Räthe, seine Diener seit Jahren hatten erringen können. Maria rühmte sich in ihren Briefen an die Fürstin von Chimay „die Perle der Gatten zu besitzen."

Ludwig war in der ganzen Zeit ihrer Ehe der feurige Liebhaber, der Ehemann der Flitterwochen. Er war das erregende, leidenschaftliche, hingebende Element dieser originellen Ehe; Maria, die stolze, ernste Tochter des Hauses Habsburg, der Inbegriff von Klugheit, Würde und Willenskraft.

Die Leidenschaften, welche der Adel zu seinem Verderben

an ihm gross gezogen hatte, entrissen den König jetzt den Händen desselben. Sie machten ihn zum Sclaven seiner Gemahlin. Ludwig war genusssüchtig, Maria üppig schön. Er fasste eine Leidenschaft für sie, welche durch ihren Muth als Reiterin und Jägerin, durch den Beifall, den ritterliche Uebungen bei ihr fanden, noch erhöht wurde. War von dem Könige, der vor Zorn geweint hatte, als ihm ein deutscher Edelmann seinen Zobelpelz versagte, zu erwarten, dass er sich in seiner Leidenschaft für Maria beherrschen werde? Maria war jedoch keine Maitresse, die er mit seinen Dukaten, Kleidern, Pelzen, Juwelen erkauft hatte; ihre Schönheit kein Eigenthum, mit dem er nach Belieben schalten konnte, sie war seine Gemahlin, sie war Königin.

Sie war eine Frau, welche ihre Gunst, selbst nach dem Brautgeschenk von 20 Städten, von Gold- und Silberbergwerken, selbst nachdem ihr Gemahl eine Krone auf ihr Haupt gesetzt, von ihrem guten Willen abhängig machte.

Die Macht, welche die junge Königin von Ungarn und und Böhmen über ihren Gemahl gewann, war unbegrenzt. Es wäre natürlich gewesen, wenn ein Kind von sechszehn Jahren diese Macht benützt hätte, um ihren Hof in ein orientalisches Märchen zu verwandeln und auf die unschuldigste Weise den Untergang des Reiches zu beschleunigen.

Ludwig hatte seine Buhlerinnen mit Diamanten und Perlen beschenkt, mit Possen und Turnieren unterhalten: sollte er seiner Gemahlin gegenüber zum Geizhals werden?

Aber die Wünsche der Habsburgerin waren nicht die einer magyarischen Estampes.

Die Launen seiner Maitressen hatten seinen Staatsschatz erschöpft, seinen Thron in Gefahr gebracht, seine Festungen dem Feinde überliefert: sollte er die Wünsche seiner Gemahlin unerfüllt lassen, welche das Ziel hatten, seinen Schatz zu füllen, seine Feinde zu schlagen, seinen Thron zu befestigen?

In keinem Hause des damaligen Europa hätte Ludwig eine Frau gefunden, welche tauglicher gewesen wäre, seine Gemahlin, der Magyaren Königin zu sein.

Von Gefahren umgeben, ohne Mittel ihnen zu begegnen, seinen Untergang wie den seines Reiches vor Augen, bekam Ludwig in seinem zwanzigsten Jahre graue Haare.

Maria gab ihm Muth und Hoffnung wieder. Die Staatsgeschäfte gewannen für ihn mehr Reiz als Bankette und Schauspiele, seitdem er seine Gemahlin sich lieber mit Staatsschriften als mit Possen, lieber mit Soldaten und Beamten, als mit Hofleuten und Komödianten unterhalten sah.

Maria sass nicht bloss neben ihm am Throne, sie sass an seiner Seite im Staatsrathe, in seinem Cabinete und zu Pferde. Mit ihm erledigte sie die Angelegenheiten des Reiches, gab mit ihm Gesandten Gehör und Bescheid, erschien mit ihm an der Spitze der Truppen.

Die Magyaren sahen mit Stolz ihre reizende Königin an ihren Sitten, nationalen Passionen, Vergnügungen, dem Leben eines Reitervolkes Theil nehmen, während Maria sich von der reichen Tracht wie von der wilden stolzen Natur derselben angezogen fühlte.

Die Königin nahm lebhaften Antheil an dem Beginn der religiösen Reformation in Ungarn und zog einen Lutheraner als Prediger an ihren Hof.

Sie beschäftigte sich mit Musik und Lesen, legte eine Büchersammlung an, welche für ihre Zeit sehr reich war, bestand doch jene Karls V. in Juste nur aus 34 Bänden. Handschriften, welche sie enthielt, gehören jetzt zu den grössten Schätzen der Burgundischen Bibliothek in Brüssel.

Es übte den entschiedensten Einfluss auf ihre Entwicklung, dass unweit ihrer Gemächer in der Königsburg zu Ofen die Trümmer der schönsten Bibliothek Europa's aufgestellt waren, jener, welche Corvin und seine feingebildete Gattin Beatrice

von Neapel gesammelt hatten. Sie enthielt ausser den Classi-
kern Griechenlands und Roms einen Dante, Petrarca, Boccacio.
Werke wie die göttliche Komödie, die Sonnette an Laura, das
Decameron, mit den reizendsten Miniaturen florentinischer Maler.
Dieselbe Zeit, in welcher der italienische Schriftsteller sich schon
rühmen konnte, er verdiene mit Feder, Dintenfass und einem
Buch Papier in einem Jahre spielend tausend Scudi, sah noch
die deutsche Fürstin, die Königin von Ungarn ihre geistigen
Genüsse aus verstaubten Manuscripten buchstabiren. Während
im Norden das erste Buch geschrieben wurde, welches Jeder las:
Luther's Bibelübersetzung, stand die Nationalliteratur Italiens auf
ihrem Höhepunkt. Durch sie erschloss sich Maria von Ungarn
jene Welt, welche von Alexander bis Napoleon beinahe jede
grosse Natur gebildet und begeistert hat, die Welt des Pericles
und Cäsar. Diesen Geist athmen ihre Worte und Thaten, diesen
Geist hauchte sie ihrem Gatten ein.

König Ludwig handelte jetzt mit Umsicht und Kraft. Er
verbannte die Hauptleute, durch deren Ungehorsam Belgrad
verloren gegangen war, setzte Peterwardein in den Stand, eine
Belagerung auszuhalten, erlangte von dem Landtage eine Kriegssteuer, durch die mehr als 100,000 Dukaten in den Staatsschatz
fliessen mussten. Von Venedig erhielt er jährlich 30,000 Zechi-
nen, sogar mit dem Perserschah schloss er ein Bündniss gegen
den Sultan. Die Böhmen hatten den König mehrmals gebeten
zu ihnen zu kommen, sie hatten ihn sogar einmal mit Gewalt
der Waffen den ungarischen Einflüssen entziehen wollen. Ludwig fehlte es an Geld zu der Reise. Als diese Schwierigkeit
durch seinen Finanzminister, den getauften Juden Szerenczes,
überwunden war, trat er dieselbe mit seiner Gemahlin an.
Nachdem das Königspaar bereits an der Grenze von Vertretern
der böhmischen Stände empfangen worden war, hielt dasselbe
seinen Einzug in Prag. Es wurde von den Pragern mit einem
Glanze und Jubel empfangen, welcher einen wohlthuenden Ge-

gensatz zu den ungarischen Zuständen bildete. Der König beschwor feierlich die Vorrechte und Freiheiten der Böhmen, worauf Maria von dem Bischofe von Olmütz als Königin von Böhmen gekrönt wurde. Um einem Streite der Herren und Ritter ein Ende zu machen, trug Ludwig selbst seiner Gemahlin bei der Krönung die Reichsinsignien vor. Hierauf berief er einen Landtag, um die böhmischen Händel zu schlichten. Böhmen zerfiel damals in die Hauptparteien, Adel und Bürgerstand, Lutheraner und Katholiken. Derselbe Adel, welcher die Freiheit des Bürgers, die Gesetze der Krone zu dessen Gunsten, die Theilnahme desselben an der Verfassung, mit allem Fanatismus einer schlechten, faulen Sache bekämpfte, war auch der entschiedenste Gegner des Landesfürsten, seines Ansehens, seiner Macht, während der Bürger mit seiner Unabhängigkeit jene des Königs verfocht. Auf dem Landtage kam es zu offener Auflehnung gegen den König, aber dieser war nicht mehr die Puppe seiner Räthe, der Ludwig, welcher bei Staatsgeschäften gähnte, welchen nur Lanzenbrechen, Hetzjagd, Wein und Weiber aufregen konnten. Er sprang zornig auf, erklärte alle Landesbeamten ihrer Stellen für verlustig und verlieh sie seinen Anhängern. Ebenso entschieden nahm er für den Bürgerstand Partei. Die zahlreichen Einladungen der böhmischen Grossen lehnte er ab und speiste mit Maria in dem Altstädter Rathhause unter seinen getreuen Prager Bürgern. Den Ständen befahl er, die Schulden des Königreiches zu tilgen und Hilfstruppen gegen die Türken zu senden.

Während seiner Abwesenheit hatte der ungarische Adel in seinen Versammlungen beschlossen, die vom letzten Landtag bewilligte Kriegssteuer nicht zu zahlen. Dieselbe Vaterlandsliebe bewies die ungarische Geistlichkeit. Die Bürger allein leisteten die ihrem Könige und ihrem Lande unentbehrlichen Zahlungen. Der ungarische Reichsrath beschwor den König nach Ungarn zurückzukehren. Schon durch die spärlichen Rü-

stungen in den Grenzfestungen war der Schatz neuerdings ge-
leert worden, während der Pascha von Belgrad Orsowa erstürmt
hatte, seine Renner über die Drau und Donau streiften, Szápolya's
Umtriebe im Lande Tumulte erzeugten Die Auflösung war so
weit gediehen, dass eine Anzahl Edelleute und Prälaten sich
mit dem königlich gesinnten Báthory versammelten, um dem
Könige den Eid der Treue zu leisten und ein förmliches Schutz-
und Trutzbündniss zu schliessen. Ludwig und Maria verliessen
Böhmen mit schwerem Herzen. Ludwig berief in Ungarn sogleich einen Reichstag, dem er Gesetze für die Vertheidigung
des Landes vorlegte. Ihre Durchführung hätte Ungarn gerettet.
Der Adel erhob sie zum Beschluss, aber erfüllte sie ebensowenig als die früheren. Die ganze Last der Ausgaben fiel wieder auf die Unadeligen. Den reichen Adel besteuern hiess
Tyrannei; er zahlte nichts, und beim Aufgebot erschien er im
weich gepolsterten Wagen. Seine politische Weisheit, seine
Freiheitsliebe bestand darin, sich gegen den König und seine
Beamten aufzulehnen, den Bürger zu plagen, den Bauer zu
misshandeln und dann seine Güter von den Türken verwüsten,
seine Paläste von ihnen verbrennen zu lassen, um zuletzt auf
dem Sclavenmarkt verkauft zu werden oder des Sultans Hand
zu küssen.

Ludwig liess sich durch den Adel nicht entmuthigen. Im
Banate stellte er Truppen auf, den kühnen Reiterführer, jetzt
Mönch, Paul Tomorri, ernannte er zum Erzbischof von Ko-
locsa und Befehlshaber an der türkischen Grenze. Hierauf
suchte er durch eine persönliche Zusammenkunft mit dem Erzherzog Ferdinand, seinem Schwager, denselben zu grösserer
Thätigkeit gegen den gemeinsamen Feind anzuspornen.

Seine Anstalten bewährten sich. Ferhad Pascha fiel mit
15,000 Reitern in Syrmien ein, Tomorri vernichtete sein Heer,
und Ludwig konnte den Kopf des Pascha mit 46 Fahnen und
Rossschweifen seiner Gemahlin zu Füssen legen. Drei Begs

belagerten mit 20,000 Mann die Festung Jaicza. Graf Christoph
Frangipani entsetzte dieselbe mit 16,000 Mann in einer Schlacht,
als deren Trophäen er dem Könige 60 Fahnen übersandte.
Ludwig gab ihm den Titel: „Beschützer von Kroatien." Das
Siegesfest wurde jedoch durch die offene Empörung des Adels
unterbrochen.

Die Ehe Ludwigs und Maria's war seit vier Jahren kinderlos. Dies gab dem Wojwoden von Siebenbürgen Johann
Szápolya neue Hoffnung auf den Thron. Auf dem Landtage am
Felde Rákos am 8. September 1524 traten seine Anhänger den
Anhängern des Königs und Báthory's offen entgegen. Ludwig II.
eröffnete die Versammlung mit der Aufforderung, die Steuern
zu dem Zwecke der Landesvertheidigung gegen die Türken zu
erhöhen. Kaum hatte er den Rákos verlassen, so trat Verböczi gegen den Reichsrath, gegen die Magnaten, gegen die
Ausländer auf. Seine Rede rief entsprechende Beschlüsse des
Adels hervor. Die Entfernung der deutschen Fugger, des königlichen Schatzmeisters Szereneses, eines getauften Juden,
der Ausländer aus Hof- und Landesämtern, des kaiserlichen und
venetianischen Gesandten, wurden die Losung des Adels. In
dem nächsten Jahre sollte ein bewaffneter Landtag zu Hatwan
der Gesetzlosigkeit im Innern, der Gefahr von Aussen, durch
entschiedene Maassregeln steuern. Ludwig versagte diesen Beschlüssen die königliche Bestätigung, und berief zu Georgi 1525
einen neuen Landtag nach Rákos. Der Adel folgte der Einla-
dung in grosser Zahl und in Waffen. Eine Aufforderung des
Königs, die Waffen niederzulegen, wurde nicht beachtet. In
stürmischer Versammlung in der St. Johanniskirche zu Ofen
wurde der Kanzler Bischof Szálkan als Schustersohn angeklagt,
ein Feind des Adels zu sein, der Jude Szereneses finanzieller
Betrügereien beschuldigt, Palatin Báthory für den Verlust von
Belgrad verantwortlich gemacht. Mitten in der Debatte erschien
eine Botschaft des Königs, die Friedensunterhandlungen mit dem

türkischen Gesandten hätten sich zerschlagen, der Krieg sei unvermeidlich, eine Erhöhung der Steuern dringend geboten. Am 13. Mai erschienen sechszig Abgeordnete in der Burg zu Ofen und legten das Ergebniss ihrer Berathung dem König vor: „König und Königin sollen die Ausländer von ihrem Hofe entfernen, sonst wird der Adel sie vertreiben. Der kaiserliche Gesandte, der sich in die Angelegenheiten des Staates mischt, und der venetianische, dessen Republik mit der Türkei Frieden geschlossen, haben Ungarn zu verlassen. Die königlichen Räthe sind durch Männer zu ersetzen, deren Vaterlandsliebe höher steht als ihre Selbstsucht. Der Jude Szereneses ist als Schatzmeister abzusetzen und vor Gericht su stellen." Ludwig entgegnete, er werde den nächsten Tag antworten. Als der Adel diesen Aufschub erfuhr und die Bürger von Pest und Ofen sich bewaffneten, drohte er die Städte förmlich zu belagern, und ordnete am andern Tage wieder hundertzwanzig aus seiner Mitte an den König ab. Ludwigs Antwort lautete entschieden: „Der Jude erscheint vor den Schranken des Gerichts, aber der kaiserliche und venetianische Gesandte, sowie die deutschen Hofbeamten bleiben. Der Augenblick, wo der Krieg mit der Türkei ausbricht, ist nicht geeignet, sich in Deutschland, Oesterreich und Venedig neue Feinde zu machen." — Neue Abgeordnete baten hierauf den König auf dem Rákos zu erscheinen. Ludwig kehrte sich nicht an die Befürchtungen seiner Räthe und des päpstlichen Botschafters; nur von ein paar treuen Leuten seiner Wache begleitet ging er muthig unter den aufgeregten, bewaffneten Adel. Ebenso ehrerbietig, wie ihn derselbe empfing, so stürmisch begehrte er jetzt noch die Verbannung der Fugger, die Absetzung des Bans von Slawonien. Ludwig verhiess den nächsten Tag zu antworten. Der Adel schrie, er möge auf der Stelle unterschreiben, doch der König blieb fest; dem rohen Lärmen, den wilden Drohungen, den gezogenen Säbeln der Cavaliere setzte er die Majestät des Herrschers, des

4

Mannes entgegen. Seine Leute schaarten sich um ihn und führten ihn aus dem Getümmel. Der Landtag vertagte sich hierauf nach Hatwan. Diese Vorgänge spalteten den Anhang des Königs unter sich. Szalkan trat in geheime Beziehungen zu Szápolya, während Báthory den König bewog ein Schreiben zu erlassen, das den Landtag zu Hatwan verbot. Dieses Verbot des Königs wurde aber nicht beachtet. Im Gegentheil siegte jetzt am Hofe durch des Erzbischofs Szalkan Intriguen bei dem König und der Königin die Partei Szápolya. Ueber siebentausend Edelleute versammelten sich in Hatwan und luden den König ein. Báthory wurde nicht gehört, Szalkans Rath entschied. König Ludwig begab sich ebenfalls nach Hatwan. Verböczi trug ihm in offener Versammlung die Wünsche des Adels vor, vor Allem drang derselbe auf die Absetzung seiner Räthe. Palatin Báthory verlangte dagegen eine gerichtliche Untersuchung. Der König versprach den nächsten Tag dieselbe zu verhängen, aber der Adel setzte eigenmächtig sämmtliche Würdenträger ab und neue ein, Verböczi wurde Palatin. Der König, durch Szalkan dem Anhange Szápolya's geneigt gemacht, bestätigte diese Beschlüsse. Wenn er sich hierauf in der Schlusssitzung beklagte, dass der Adel durch dieselben seine Rechte, sein Ansehen verletzt habe, so fasste er die Verhältnisse vollkommen richtig auf, aber er konnte dieses Ergebnisses wegen sich selbst wenigstens ebenso sehr anklagen als den Adel. Dagegen fand er jetzt den Adel willig, die deutschen Beamten an seinem Hofe zu lassen, die Steuern zu erhöhen, in der Landesvertheidigung umfassende Verbesserungen vorzunehmen.

Missmuthig kehrte Ludwig nach Ofen zurück. Seine Macht war für den Augenblick gebrochen. Er war dem Namen nach, Szápolya wirklich König. Der Palatin Verböczi, die von seinem Anhange gewählten Würdenträger und Reichsräthe, des Königs Vertrauter, der Erzbischof Szalkan, waren ebensoviel Puppen, welche von den Fäden seiner ehrgeizigen, eigennützigen

Politik bewegt wurden. Ludwig konnte einen solchen Zustand für die Dauer nicht ertragen, der Stolz Maria's empörte sich in dem ersten Augenblicke dagegen. Sie sah sich getäuscht, verrathen. Der weibliche Scharfblick erkannte in dem Hintergrunde der Intriguen, welche der Hatwaner Versammlung vorangingen, der ungesetzlichen, aufrührerischen Acte derselben, den ehrgeizigen Wojwoden von Siebenbürgen. Derselbe Augenblick, welcher Szápolya's Pläne krönte, erweckte ihm den gefährlichsten Feind. Dieser Feind, der ihn von da an unerbittlich bekämpfte, der ihm den Lorbeer, die Krone entriss, war die Königin. Maria war jedoch nicht der einzige Feind, der sich zu dem erbittertsten Kampfe bereitete. Báthory und sein Anhang waren gestürzt, aber nicht entmuthigt. Sie schlossen ein festes Bündniss gegen Szápolya, sie entwarfen einen förmlichen Kriegsplan gegen denselben. Báthory's scharfer Blick übersah bald die Verhältnisse. Er liess den König und seine Beamten bei Seite und wandte sich an die Königin und den Adel. Maria von Ungarn war bemüht eine Partei zu bilden, er war das Haupt einer ebenso zahlreichen als trefflich geschulten. Dem Lande gegenüber hatte er mit Szápolya die Vortheile und Nachtheile einer Regierungs- und Volkspartei getauscht. Den Kampf begann er mit der Stiftung der geheimen Gesellschaft „der Abenteurer" (Kalandos). Wie er es vorausgesehen hatte, arbeitete ihm Verböczi durch sein Verhalten in die Hände. Die Gesellschaft der Abenteurer sah die Zahl ihrer Mitglieder in demselben Verhältnisse zunehmen, als jene der Anhänger des neuen Reichsrathes abnahmen.

Endlich war der Augenblick gekommen einen Staatsstreich zu wagen. Die Bitte der Königin genügte Ludwig zu bewegen, seinen Aufenthalt für einige Wochen in dem Schlosse Vissegrad zu nehmen. Hier war der König in ihren Händen. Der Hof wie die Beamten sahen in diesem Vorgang die Laune einer schönen Frau, die verzeihliche Schwäche eines verliebten Mannes.

4*

Sie dachten nicht einmal daran es zu hindern. Sie ahnten nicht, dass ihr Spiel schon in dem Augenblicke verloren war, in welchem das Königspaar in der Burg zu Ofen den Reisewagen bestieg. Maria war bereits Siegerin, als sie ihren Gemahl dem Einflusse der Partei Szápolya's, dem Zauber, welchen sein Liebling der Erzbischof Szalkan auf ihn übte, entführt hatte. In Vissegrad war Ludwig in ihrer Hand; nachdem sie ihn genügend vorbereitet hatte, führte sie plötzlich den gewesenen Schatzmeister Alexis Thurzo, einen Parteigänger Báthorys, in sein Gemach. Thurzo löste seine Aufgabe vollkommen. Zuerst entwarf er das düsterste Bild von den Zuständen des Landes und der Lage des Königs, dann bot er die Mittel zur Abhilfe. Wenn er Ludwig sagte, dass nicht er sondern Szápolya in Ungarn herrsche, dass bei der Herrschaft dieser Partei die Krone des heiligen Stephan bald weniger bedeuten werde als der Hut eines Edelmannes, so eröffnete er ihm dagegen, dass seine Anhänger sich verbündet hätten für ihn und gegen Szápolya. Er brauche nur die Verbindung der Abenteurer gut zu heissen. Dieselbe gebiete über soviel Geld und Waffen als nöthig seien, um auf dem nächsten Landtage die Macht Szápolya's zu stürzen, jene des Königs wieder herzustellen. Diese Auseinandersetzung konnte ihren Eindruck auf die leicht erregbare Natur des Königs nicht verfehlen. Diesen Eindruck benutzte die Königin. Maria setzte sich gegen Szalkan und Szalkan fiel. So wurde der Intriguenkampf der Parteien Báthory und Szápolya wie eine Schachpartie durch die Königin entschieden. Der König bestätigte die Gesellschaft der Abenteurer.

Der entscheidende Schlag wurde dadurch vorbereitet, dass Ludwig den Palatin Verböczi nach Oberungarn sandte. Seine Abwesenheit wurde von der Königin und ihrem Anhange benutzt, um eine förmliche Verschwörung ins Werk zu setzen. Die Abenteurer versammelten sich in Ofen, es wurde rasch ein Vertrag aufgesetzt und von mehr als zweihundert Cavalieren

von grossem Ansehen und Reichthume unterzeichnet. Dann
eilten sie auf ihre Güter und kehrten zu Georgi, der Zeit wo
ein neuer Landtag zusammentreten sollte, mit bewaffneten Schaaren ihrer Unterthanen und kleiner Edelleute nach Ofen zurück.
Ehe die Partei Szápolya Gegenanstalten treffen konnte, kamen
sie in der Johanniskirche zusammen und beschlossen einstimmig
die Absetzung des Palatins Verböczi. Jetzt traten sie offen
auf. Am 27. April erschien der gesammte Adel am Rákos. Die
Abenteurer theilten demselben ihre Verbindung, die Gesetze
und Absichten derselben mit. Der Landtag habe seine Freiheit
durch einzelne Magnaten verloren, sie wollten denselben unabhängig machen wie zuvor; der Adel möge ihrem Bündniss
beitreten.

Verböczi erhielt wenige Tage darnach von den Anhängern Szápolya's die Botschaft, „er möge in aller Eile zurückkehren, Alles sei verloren, Báthory Sieger, sein Leben in Gefahr." Der Palatin eilte nach Ofen und hier in die Burg, wo
er sein Amt in die Hand des Königs niederlegte. Ludwig erwiederte: er habe zu Hause seine weiteren Befehle zu erwarten.
Erschreckt verliess Verböczi die Burg. Als Báthory's Leute in
der Nacht in sein Haus drangen, war er bereits mit vielen Anhängern Szápolya's auf der Flucht nach Siebenbürgen. Am Morgen erschien eine königliche Erklärung des Inhalts: „Auf den Land-
tagen am Rákos und zu Hatwan habe der Adel das Ansehen
und die Macht des Königs verletzt. Der König verzeihe dem
Adel. Das Verbrechen falle nur auf Jene zurück, welche
denselben bethört. Verböczi sei abgesetzt; Báthory wieder
Palatin."

Der Adel gab Antwort durch Jubelrufe auf den König und
Verwünschungen gegen Verböczi. Gegen letztern wurde eine
Untersuchung eingeleitet. Die Vorlagen des Königs, die Vertheidigung Ungarns gegen die Türken betreffend, wurden hierauf
angenommen. Die Edelleute verlangten jedoch von den Kirchen-

fürsten, dass sie ihre Leute selbst in das Feld führen und den Reichthum ihrer Kirchen dem Schatze des Landes zuwenden sollten.

Zur weiteren Berathung wählte der Adel hundert aus seiner Mitte und wurde auf seine Bitte von dem Könige entlassen.

Der Staatsstreich war gelungen, aber die Partei Szápolya begann sogleich wieder Boden zu gewinnen. Der König sah sich noch während dieses Landtages, im Laufe der weiteren Verhandlungen, neuerdings im Kampfe der Parteien Szápolya und Báthory von beiden bedroht. Seine Stütze waren wenige Getreue, aber an der Spitze seiner Partei stand die majestätische Gestalt der Königin. Maria war sein Redner, sein vornehmster Agent, sein Secretär, sein erster Minister. Sie suchte alle seine Schritte zu lenken. Jeden Erfolg dankte er ihr, jede Niederlage sich selbst. Ludwig berief jetzt die Kirchenfürsten. Als er sie empfing, sass Maria neben ihm. Der päpstliche Gesandte erinnerte die Prälaten an die Wohlthaten Ludwigs und seines Vaters. „Der König", sprach er, „erwarte von ihnen mit Recht, dass sie den Adel an Treue und Aufopferung übertreffen und bei den Verhandlungen für seine Sache einstehen werden." Die Kirchenfürsten erwiederten diese Ansprache mit den glänzendsten Versprechungen. „Das sind sehr schöne Worte!" warf Maria ein, „es wird sich aus Euren Thaten zeigen, ob sie von Herzen kommen."

Nachdem die Herren, der Ausschuss des Adels und die Prälaten, in gemeinsamer Versammlung einen Gesetzentwurf verfasst, wurde derselbe am 2. Mai dem König und der Königin vorgelesen. Als Maria hörte, der königliche Schatz solle von Abgeordneten des Königs und Reichsraths jedes Vierteljahr untersucht werden, ergriff sie rasch die Feder, strich den ganzen Artikel aus und schrieb darüber: „unus rex, unus princeps!" (Einer ist König, einer ist Fürst.) Da entstand in der Versammlung ein förmlicher Aufruhr gegen die Königin und ihre deutschen Räthe. Der König musste die Sitzung aufheben.

Die folgenden Schritte Ludwigs II. zeigen eine Entschiedenheit, welche die Leitung derselben Hand erkennen lassen,
welche das: „Einer ist König!" schrieb.

Den 1. Mai verlas Ludwig selbst das Urtheil Verböczi's
und Zoby's, eines andern Hauptes des Hatwaner Landtags. Sie
wurden für Landesverräther erklärt, ihre Güter eingezogen. Der
König eröffnete dem Adel, „er wolle von nun an selbst regieren;
um gut zu regieren, sei vor allem Geld nöthig. Er bitte sie
von nun an, die Kriegssteuer sogleich an seine Schatzmeister
auszuzahlen, damit er die Grenzen wirksam vertheidigen könne."

Die Edelleute erwiederten mit Klagen über die schlechte
Verwaltung der Staatseinkünfte. Am 8. Mai unterbreiteten sie
die Gesetze dem König zum zweiten Mal. Wie der König die
Worte las, dass Báthory, Szalkan und die andern Würdenträger
mit ihm regieren sollten, verwarf er dieselben sogleich mit aller
Energie. Maria flösste ihm dieselbe ein, sie sah ganz richtig
den Adel immer bessere Bedingungen machen, je länger ihr
Gemahl ausharre. Seine Haltung bewog wirklich den Adel zur
Nachgiebigkeit. Den nächsten Tag brachten die Stände die
neuen Artikel. Die Königin, die Gesandten wohnten der Lesung
bei. Sie lauteten: „Der König regiert nach dem Gesetze frei und unbeschränkt. Der Schatzmeister hat das
Geld aufzutreiben, welches für die Vertheidigung der Grenze und
das Banderium des Königs nöthig ist. Jene, welche die Einkünfte des Königs schmälern, verfallen der strengsten Untersuchung. Der König führt selbst den Oberbefehl über das Heer.
Die Herren stellen noch mehr Leute als sie verpflichtet sind,
die Unterthanen jeden fünften Mann, wenn es nöthig sein sollte,
Alle. Der König beräth sich mit Männern, welche im Kriege
erfahren sind, ernennt einen Feldherrn. Die rückständigen
Steuern sind einzutreiben und eine neue Steuer wird bewilligt."
Am Schlusse der Lesung wandte sich ein Vertreter des Adels
an den König und die Gesandten: „Das Reich habe Alles ge-

than, dem König Mittel zur Regierung und Vertheidigung gegeben; wenn dennoch ein Unglück geschehe, sei das Reich nicht schuld." — König Ludwig entgegnete: „Er sei entschlossen Alles zu thun, was nur möglich sei um sein Ansehen und sein Reich zu behaupten, es fehle ihm jedoch das Geld dazu. Die königlichen Einkünfte ständen grösstentheils nur auf dem Papiere. Seine Hände seien durch Armuth gebunden. Das Unmögliche könne man nicht von ihm verlangen. Wenn das Reich ein Unglück treffe, sei nicht er schuld!"

Nach dieser Sitzung löste sich der Landtag auf. Der König zog sich mit der Königin nach Vissegrad zurück. Der Einfluss Maria's war wieder unbeschränkt. Der Einfluss Báthory's, Szalkans, Szápolya's hatte Ludwigs Krone zu einem Spielzeuge gemacht; der Einfluss seiner Gemahlin hatte derselben Ansehen, Macht und Glanz wiedergegeben. Der letzte Landtag war eine Schlacht zwischen König und Adel in Ungarn; aber wenn Báthory und Szápolya den Adel führten, so war es auf der andern Seite der König, welcher kämpfte, Maria, welche den Kampf leitete. Sie erfocht den Sieg, sie war es auch, welche jetzt herrschte. Zustände wie jene ihres Reiches lassen sich jedoch nicht in einem Tage, nicht auf dem Papiere reformiren. Maria hatte das Uebel an der Wurzel erfasst, als sie in dem Entwurfe des Landtags jenen Artikel strich, der die finanzielle Macht des Königs noch mehr einschränken sollte. Den Untergang des ungarischen Reichs führte dessen finanzielle Zerrüttung herbei. Die Bewilligung von Steuern hing von dem Landtage ab, aber diese war leichter zu erhalten als die bewilligte Steuer einzutreiben. Auf dem Papiere gebot der König über Summen, mit denen er zwar weder mit der Hofhaltung eines Franz I., noch mit den Eroberungen eines Soliman wetteifern konnte, aber welche genügt hätten, die Angriffe der Türken abzuschlagen, seinen Erlässen, seinen Gerichten, seinen Beamten Achtung im Lande zu verschaffen und ihm selbst die Beschämung zu ersparen, seine Küche und seine Kleider durch jeden Edelmann übertroffen zu sehen.

In Wirklichkeit war sein Einkommen so gering, dass er Juden sein Silber verpfänden musste, um sich neue Stiefel machen lassen und sich satt essen zu können. Während die Nachrichten von der Grenze immer beunruhigender wurden, musste König Ludwig den Besatzungen der Grenzfestungen den Sold schuldig bleiben. Wie sollte er dieselben verstärken? Die Befehlshaber verlangten Mannschaft, Geschütz, Lebensmittel, und der König konnte nicht einmal ihre Boten bezahlen. In Ofen waren ein paar alte Geschütze, aber der König war nicht im Stande ein Schiff zu miethen, das sie nach Peterwardein gebracht hätte. Die Lage des Königs und des Reichs erregte das Mitleid des päpstlichen Gesandten. Er zahlte die Boten des Königs, übergab ihm im Namen des heiligen Vaters eine bedeutende Summe und versprach weitere Hilfe, Geld und Soldaten. Die Spione des Erzbischofs Paul Tomorri brachten um diese Zeit die Kunde, dass ein Angriff des Sultans bevorstehe. Sie gaben den Zeitpunkt verschieden an, aber alle stimmten überein, dass seine Rüstungen ausserordentlich wären und dass sie Ungarn gelten. Mit dieser Botschaft eilte Tomorri in leichtem polnischen Wagen zu dem König nach Vissegrad.

Seine Spione hatten ihn gut berichtet. Solimans Flotte zwang die Johanniter auf Rhodus zur Capitulation, gerade als die Heere Karls V. und Franz I. in Italien und den Niederlanden einander gegenüberstanden. Europa war den Türken offen. Noch mehr, Franz I. sah sich mitten im Siegesrausche bei Pavia geschlagen, gefangen, und der allerchristlichste König rief jetzt den Erbfeind der Christenheit zu Hilfe. Ein ungarischer Grosser Johann Frangipani war der Vermittler. Soliman erwiederte: „Ich bin das Asyl der Könige, die Zuflucht der Welt!" Mit 300,000 Mann setzte er sich zur Eroberung Ungarns in Bewegung. Auf die Nachrichten Tomorri's schrieb Ludwig II. einen Landtag aus. Sein Benehmen war das eines Königs.

Um dem Adel ein Beispiel zu geben, beschloss er selbst in das Feld zu ziehen. Auch Maria wollte den Hermelin mit dem Panzer vertauschen und mit ihm reiten, aber sein Befehl hielt sie in Ofen zurück. Von dem Landtage verlangte Ludwig ein allgemeines Aufgebot des Adels, der Geistlichen und Bauern, welches sich am 2. Juli mit ihm zu Tolna vereinigen sollte. Der Landtag erhob Beides zum Beschlusse. Alle Fürsten der Christenheit bat Ludwig um Hilfe, den Papst um Geld, seinen Schwägern Karl V. und Ferdinand schrieb er dringende Briefe. Von den Städten, Geistlichen und Juden trieb er mit der grössten Strenge eine Kriegssteuer ein, er liess das Kirchensilber und Gold münzen, nach alter Sitte als Zeichen höchster Gefahr ein blutiges Schwert durch das Land tragen. Nach Böhmen sandte er wiederholt um Hilfsvölker. Der böhmische Adel beeilte sich jedoch ebensowenig wie der ungarische, sich für den König zu waffnen. Nur die Grafen Schlick, seine Getreuen, durch einen eigenhändigen Brief Ludwigs gerührt, und ein paar andere Herren warben auf ihren Gütern Kriegsvolk und eilten damit nach Ungarn. Ihrem Beispiele folgten sämmtliche böhmische Städte.

Der 2. Juli 1526 kam, aber Niemand fand sich in Tolna ein, ebensowenig konnte der König von Ofen aufbrechen. Täglich rückten daselbst kleine Abtheilungen ein; Böhmen unter Stephan Schlick, polnische und ungarische Edelleute mit ihren Schaaren. Die Zahl seiner Truppen war aber noch nicht genügend den Lagerdienst zu versehen oder ein Vorpostengefecht zu liefern. Ludwig sandte dem Wojwoden von Siebenbürgen, Johann Szápolya, den Befehl, mit den Siebenbürgern den Türken in den Rücken zu fallen, während der Palatin Báthory den Auftrag erhielt, denselben den Draxübergang bei Esseg zu wehren. Der Palatin erschien in Esseg, er hätte jedoch allein dem gesammten Heere des Sultans die Spitze bieten müssen, denn von seiner Heeresabtheilung fand sich nicht ein Mann ein. Er kehrte hierauf zu dem Könige zurück und brachte die Botschaft, dass die Türken im Besitze von Belgrad, Herren der Save- und Donauübergänge, beide Flüsse übersetzt hätten und unter dem Befehle des Grossveziers die Festung Peterwardein belagerten.

Jetzt rief Ludwig II. noch die Fürsten wie seine Völker zum Kampfe auf, liess einen Eilboten an Szápolya abgehen, schnell zu ihm zu stossen, und zog am 22. Juli mit 3000 Mann Reitern und Fussvolk, meist Böhmen und Mährern, bei dem fröhlichen Klange der Trompeten und Trommeln ernst und bleich aus Ofen in das Feld. Die Königin Maria ritt an seiner Seite. Auf der Insel Czepel nahm sie von ihm Abschied.

Des Königs erstes Nachtlager war in Erd. Es erschien Niemand. Erst in Erese stiess Andreas Báthory mit zahlreichen Banderien zu ihm.

In Pentele trat ein Bote Szápolya's vor den König: „der Wojwode wisse sich keinen Rath, da er widersprechende Befehle erhalten habe. Erst sei ihm der Auftrag zugekommen, zu dem Könige zu stossen, dann in die Türkei einzufallen, jetzt in aller Eile sich mit dem Könige zu vereinigen. Er bitte um bestimmte Befehle. Ein Einfall in die Türkei würde jedoch seiner Ansicht nach seinen Zweck verfehlen."

Von Feldwar aus eilten Ludwigs Geheimschreiber und der Bote des Wojwoden zu letzterem: „Er möge Tag und Nacht marschiren, um sich dem Könige anzuschliessen." Als Ludwig diese Botschaft abgefertigt hatte, stürzte staubbedeckt, athemlos ein ungarischer Edelmann herein: Peterwardein sei, nachdem die Besatzung 12 Tage heldenmüthig gekämpft, von dem Grossvezier mit Sturm genommen worden.

Wenige Stunden darnach, nachdem wieder nach allen Weltgegenden, an die ungarischen Kirchenfürsten und Magnaten, an

die Böhmen, an des Königs Schwager Erzherzog Ferdinand
Boten abgegangen waren, ihren Zuzug zu beschleunigen, wurde
das Reichsbanner entfaltet und das kleine Heer rückte in ge-
schlossssener Ordnung vor bis Tolna, wo mehrere Tausende
Magyaren und päpstliche Söldner den König erwarteten und
mit kriegerischer Musik und Zuruf empfingen.

Albin und Albrecht, Grafen Schlick, waren mit mehreren
böhmischen Herren und erlesenem böhmischen Kriegsvolke in
Wien angelangt, dort erhielten sie einen Brief Ludwigs: „Er
müsse eine Schlacht liefern, sie sollten kommen um Gottes und
des christlichen Glaubens willen." Als die Treuen das Schreiben gelesen, befahlen sie ihren Leuten, nachzuziehen, setzten
sich in die leichten polnischen Wagen der ungarischen Post
Corvins und eilten zu ihrem Könige.

Ludwig beschloss in Tolna Halt zu machen, Zuzüge abzuwarten und den Palatin mit einer Schaar bis Esseg vorzu-
schicken, damit er den Drauübergang vertheidige; aber die
Magnaten schützten ihre Privilegien vor: „sie hätten nur die
Pflicht, unter dem Befehle des Königs in das Feld zu ziehen."
Im höchsten Zorne rief Ludwig: „Ich sehe, dass Jeder sich
durch mein Haupt entschuldigen und retten will. Ich suche die
Gefahr auf für Euch und dieses Reich; damit ich Niemand mehr
zur Entschuldigung für seine Feigheit diene, ziehe ich morgen
selbst mit Euch!" — Jene, welche dem Könige abrathen wollten, wurden von der Ueberzahl der Magnaten überschrieen,
welche dem Könige Eljen jauchzten. Den nächsten Tag fand
also eine Vorrückung bis Bata statt, wo Erzbischof Tomorri,
Befehlshaber der Grenzlandschaften, zu dem Könige stiess. Es
wurde Kriegsrath gehalten, Szápolya und Tomorri zu Feldherren ernannt. Der Erzbischof betheuerte vergebens, er sei
nur im kleinen Krieg erfahren, die Mehrzahl der Magnaten hatte
ihn gewählt, ihm blieb zuletzt Nichts übrig, als den Feldherrn-
stab anzunehmen. Er führte das ungarische Heer nach Mo-

h a c z, wo dasselbe westlich von dem Orte ein Lager bezog. Die Zelte und das Geschütz kamen zu Schiffe auf der Donau an.

Indess hatte das türkische Heer unter Soliman E s s e g zerstört und war über die Drau gedrungen, worauf es sich, weit und breit plündernd und mordend an der Donau langsam gegen Norden wälzte.

Die Ungarn lagerten bei M o h a c z in zwei grossen Abtheilungen, bei der einen stand das Zelt des Königs, bei der andern jenes des Feldherrn Erzbischofs. Ludwigs Geheimschreiber kehrte von Szápolya zurück: „der Wojwode sei mit 40,000 Mann im Anrücken, er lasse den König bitten. sich vor seiner Ankunft in kein ernstes Gefecht einzulassen." Ein Sendbote Christian Frangipani's verlangte dasselbe. Diese Botschaften wurden bekannt. Da rottete sich der ungarische Adel in Tomorri's Lager zusammen. Die Einen behaupteten, die tapfersten Türken seien vor Belgrad und Rhodus gefallen, der Sieg sei gewiss, man wolle ihren tapferen König zum Mönch machen.

In der Nacht sprengte Podmanicki in das Lager, liess den König wecken, meldete ihm den Anmarsch der Türken und bat ihn, beide Lager zu vereinigen. Die ganze Zeltstadt war in Bewegung gekommen. Ludwig sandte den Kanzler zu den Magnaten, um ihnen die Nothwendigkeit auseinander zu setzen, die Ankunft Szápolya's, Frangipani's, der böhmischen und schlesischen Hilfsvölker zu erwarten. Sie wollten ihn nicht hören.

Am nächsten Morgen, Montag den 27. August, rief König Ludwig einen K r i e g s r a t h zusammen.

Er machte demselben den Vorschlag, sich zurück zu ziehen und keine Schlacht anzunehmen, so lange die Siebenbürger, Böhmen, Schlesier, Oberungarn und Frangipani sich nicht mit seinem Heere vereinigt hätten Die Siebenbürger unter Szápolya schätzte man allein auf 40,000 Mann, die Böhmen waren, 7000 Mann stark, schon in der Nähe von Ofen eingetroffen. Das ungarische Heer wäre durch diese Verstärkungen von 20,000

Mann auf 70,000 Mann angewachsen. Mehrere der magyarischen Führer, welche im Kampfe gegen die Türken Erfahrungen gesammelt hatten, und selbst die kriegserfahrenen tapferen Böhmen stimmten dem Könige bei. Da die Stärke der Reiterei die Zahl 4000 nicht überstieg, gaben sie den Rath, sich in eine starke Vertheidigungsstellung zurückzuziehen, sich dort zu verschanzen und die Zuzüge, welche zweimal so stark waren wie das ungarische Heer bei Mohacz, abzuwarten. Die Mehrzahl der Magnaten dagegen, welche vor dem Kriegsrathe ein Jeder auf den Tod und die Beute von zehn Türken getrunken hatten, war für die Schlacht. Der eine prahlte, die Magyaren seien nie vor den Türken geflohen, der andere, der Sieg sei gewiss! Sie wollten den Sieg nicht mit den Ausländern, Tomorri nicht mit Johann Szápolya theilen. Ludwig fragte den Erzbischof um seine Ansicht, in der Meinung, eine kräftige Unterstützung zu finden. Tomorri erhob sich und stimmte für die Schlacht. „Wie stark ist unser Heer?“ fragte Ludwig. „Ueber 20,000 Mann“, erwiederte der Feldherr. „Und wie stark ist der Feind?“ fuhr der König fort. „300 Geschütze, 300,000 Mann“, entgegnete Tomorri, „wovon jedoch nur 30,000 Mann den Kampf mit Magyaren aufnehmen können.“ Jene, die für den Rückzug stimmten, wandten jetzt ein, die türkische Artillerie sei der ihrigen weit überlegen. Tomorri, durch Ueberläufer getäuscht, wusste diesen Einwand dadurch zu entkräften, dass die Bedienung dieser Geschütze meist aus Christen bestehe, welche nur das Getümmel der Schlacht erwarteten, um zu den Ungarn überzugehen. Ein anderer Führer erklärte, nur der Anblick des türkischen Heeres sei furchtbar. Die früheren Erfolge Tomorri's und Frangipani's hoben das Selbstvertrauen der Ungarn bis zum Wahnsinn. Jene, welche für den Rückzug waren, wurden überstimmt. Ihr letztes Motiv war, der junge König sei nicht dem Zufalle einer Schlacht preiszugeben. Da sprang Ludwig zornig auf und rief, dass seinen Räthen ohne Zweifel für ihre eigenen

Köpfe bange sei. Jetzt wagte Niemand mehr, gegen die Schlacht zu stimmen, um nicht den Vorwurf der Feigheit auf sich zu laden. Nikopolis und Varna waren vergessen. Abgeordnete des Adels erschienen drohend im Kriegsrathe: „Niemand möge dem Könige vom Kampfe abrathen", und zwei Bischöfe traten vor den König, der eine das Haupt eines Kindes, der andere einen Kinderarm in den Händen. Sie zeigten ihm die blutigen Glieder und sprachen: „Sieh diesen Jammer! Dein Volk wird täglich gebrannt und gemordet, schlage Dich mit dem Türken. Wenn Du es nicht thust, müssen wir alle zu Grunde gehen!" Ihre Worte erschütterten den König, dessen edle, erregbare Natur sich jedem grossen Eindrucke der Phantasie, des Lebens hingab. Von Mitleid und gerechtem Zorne ergriffen, entschloss er sich zur Schlacht. Der Kriegsrath entschied sich, dieselbe in zwei Tagen, Mittwoch den 29. August, an dem Tage der Enthauptung Johannis, zu liefern. Die Leitung derselben wurde dem Erzbischofe Paul Tomorri anvertraut. Niemand wagte mehr zu widersprechen. Nur zuletzt erhob sich der Bischof von Grosswardein: „dieser Schlachttag", sprach er, „muss 20,000 ungarischen Märtyrern geheiligt werden, welche unter Tomorri's Führung für Christus gefallen sind! und der Kanzler soll, wenn er dann noch lebt, nach Rom reisen und ihre Canonisation erwirken."

Der König zog sich in sein Zelt zurück. Dort sass er lange schweigend und lehnte sein Haupt an. Dann sprach er: „Ueber zwei Tage ein König in Ungarn oder kein König in Ungarn. Wenn Gott uns hilft, dass wir die Schlacht gewinnen, so wollen wir fröhlich kommen zu Maria, wir meinen die Maria, die unsere Gemahlin ist."

Das Schlachtfeld von Mohacz bildet eine sumpfige Ebene, welche sich gegen Südwesten zu einer mit Weinbergen bedeckten Anhöhe erhebt.

Der Erzbischof traf Anordnungen zur Schlacht, die eines

Trossknechtes würdig waren. Er hatte sein Lager in der Ebene aufgeschlagen; auch jetzt, wo dieselbe zum Kampfplatze auserschen war, dachte er nicht daran, sich auf den Höhen aufzustellen. Jetzt erst kam das Geschütz auf der Donau, kleinere und grössere Abtheilungen trafen im Lager ein; die ansehnlichste Verstärkung führte der Ban von Kroatien, Bathiany, dem Heere zu. Durch sie erreichte dasselbe die Zahl von 26,000 Mann mit 80 Geschützen. Am Vorabende der Schlacht berieth der Adel, ob der König sich nicht mit einem Reitertrupp zurückziehen solle, verwarf jedoch diesen Vorschlag ebenso wie jenen, einen Anderen in der Rüstung des Königs in den Kampf reiten zu lassen: die Versammlung ging damit auseinander, dass sie drei bekannte tapfere Krieger wählte, welche den König bewachen und vertheidigen sollten.

Zwei deutsche Meilen weit auf den Hügelketten im Süden lagerten die Osmanen; als die Nacht hereinbrach, sah man weit am Horizonte ihre Feuer.

In der Morgendämmerung erblickten die Vorposten des ungarischen Heeres die ersten türkischen Reiter.

Bei Sonnenaufgang stellte Tomorri das ungarische Heer in Schlachtordnung auf. Es stand in zwei Treffen zwischen dem Berkabach und Mohacz. Tomorri befehligte das Centrum des ersten Treffens. Hier standen voran die Böhmen und eine Schaar Mönche, welche gut bewaffnet mit ihrem eigenen Banner in das Feld gezogen waren. Der rechte Flügel unter dem Befehle des Ban Bathiany lehnte sich an das Thal von Nagy Nyarad, der linke unter Pereny an die Donau. Hinter dem ersten Treffen waren die 80 Geschütze aufgepflanzt, dann kam das zweite Treffen in zwei Reihen unter Tarczay, dem Polen Trepka und Stephan Schlick, auf beiden Seiten von Fussvolk und Reitern umschwärmt. Als Rückhalt beider Treffen stand der König Ludwig II., von den Kirchenfürsten, den Würdenträgern und seinen Dienern umgeben. Neben ihm der

Palatin Báthory und der Judex Curiae Dragfy mit der Reichsfahne, hinter ihm tausend Geharnischte, der Tross, die Wagen. Während die Magnaten auf prächtigen Pferden, in reicher Tracht, mit kostbaren Waffen erschienen, war der König ärmlich gerüstet, sein Zaum mit einem schlichten eisernen Kettlein. Er ritt mit dem gichtkranken Palatin langsam durch die Reihen des Heeres. Sie sprachen allen Muth zu, erinnerten Ungarn und Böhmen an die Thaten ihrer Vorfahren. Dann kehrten sie auf ihren Platz zurück. Stunde auf Stunde verfloss mit Gefechten kleiner Reitertrupps. Der Sultan schien die Schlacht nicht annehmen zu wollen. Zu Mittag sah man rechts Lanzenspitzen hinter den Höhen heranrücken, welche auf eine Umgehung hindeuteten. Tomorri bat den König, das Zeichen zum Angriff zu geben.

Jetzt tauchte auf den Höhen die Reiterei der Türken auf, dann die Lanzen des Fussvolkes, das wie ein dunkles Meer über die Anhöhen herabströmte.

Als Soliman das christliche Heer erblickte, erhob er die Hände zum Himmel und betete: „Mein Gott! Hülfe und Schutz sind bei Dir, stehe dem Volke Mahomeds bei!" Thränen rollten über seine Wangen. Ludwig liess sich den Panzer umschnallen, er sah die Hunderttausende der Osmanen sich entwickeln, er setzte den Helm auf und Todtenblässe bedeckte sein Antlitz.

Das erste Treffen der Türken war das rumelische (europäische) Heer unter dem Grossvezier mit 150 Geschützen. Das zweite Treffen das anatolische (asiatische) Heer mit ebensoviel Geschütz. Beiden Treffen folgte der Sultan. Um ihn waren die Janitscharen und seine Leibwache.

Auf der Anhöhe gegen das Thal von Nagy Nyarad steht eine Kirche, welche seit dem Tage von Mohacz den Namen Kirche des Hinterhaltes bekam. Hier liess der Sultan seine Geschütze auffahren, während er Balibeg an der Spitze von 50,000 Reitern an der Kirche vorbei durch das Thal von Nyarad, welches in die Ebene von Mohacz führt, in die rechte Flanke der Ungarn hervorbrechen liess.

Das erste Treffen der Türken rückte mit wildem Allahrufen vorwärts, voran die rumelischen Reiter. Tomorri wartete den gewaltigen Stoss nicht ab, er gab das Zeichen zum Angriff, das Feldgeschrei „Jesus! Jesus!" ertönte in den ungarischen Reihen, und das erste Treffen der Ungarn stürmte in geschlossener Ordnung den rumelischen Truppen entgegen. Die türkischen Reiter, durch den Anprall der Geharnischten und ihrer schweren Pferde mit grossem Verluste über den Haufen geworfen, flohen in Unordnung und rissen das Fussvolk mit. Die Ungarn setzten nach. Andreas Báthory sprengte zu dem Könige: der Sieg sei entschieden, der Feind im Fliehen, der König möge vorrücken. Ludwig, ungeduldig die ersten Lorbeeren zu pflücken, führte schnell das zweite Treffen vorwärts. Das „Jesus! Jesus!" der Ungarn tönte bereits auf der Anhöhe, die Geschütze der Türken schienen verloren, da gaben sie, dreihundert Geschütze auf einmal, Feuer unter die Geschwader der Ungarn und Böhmen. Hier flog ein Kopf, dort ein Arm, da ein halbes Pferd. Rauch umhüllte den Abhang. Die Ungarn flohen in Verwirrung in einen Grund, wo sie sich gedeckt vor den Geschossen der Türken sammelten. Immerfort flogen die Kugeln über ihre Köpfe. Ihre Geschütze erwiederten jetzt das Feuer. Das Gefecht der Geschütze dauerte beinahe eine Stunde. Da trat ein alter Mann zu dem Könige: „Greif sie wieder an", sprach er, „denn Du musst doch sterben." Dann wandte er sich zu den Ungarn: „Seht an euren jungen König, wie er ritterlich und kühn ist, und haltet euch redlich."

Die Ungarn stürmten neuerdings, den König an der Spitze, gegen die Türken an. Wieder donnerten die Feuerschlünde der Osmanen, wieder wichen die Ungarn in ihre gedeckte Stellung zurück, hunderte von gefallenen Menschen und Pferden auf dem Platze lassend. Der König, bis zu dem türkischen Geschütze vorgedrungen, musste gleichfalls weichen. Mit Blut und Staub bedeckt, kam Tomorri herbei: „König!" schrie er, „wenn Du auf einem hohen Berge ständest, könntest Du Deine Feinde nicht übersehen. Erschrick nicht! Es steht Alles in Gottes Hand! Ich sage es nur, damit Du siehst, wie Du Dich selbst wegbringst!"

Ludwig gab statt einer Antwort wieder das Zeichen zum Angriff. Der Judex Curiae liess das Reichsbanner im Winde flattern, die Trompeten schmetterten, der König machte das Kreuz vor sich und legte seine Lanze ein. Da senkten sich alle Lanzen, das Feldgeschrei „Jesus! Jesus!" ertönte aus Tausenden von Kehlen, der Staub wirbelte auf, die Reihen der Ungarn sprengten vorwärts dem Könige nach, geradezu auf die Geschütze der Osmanen. Sie werfen die Reiterei, zersprengen das Fussvolk. Die Türken fliehen in Unordnung die Anhöhe hinan hinter ihre Geschütze.

Das Banner der Mönche weht bei den Geschützen, das Feldgeschrei der Böhmen hört man bereits auf den Höhen. Der König, Allen voran, kämpft wie ein Held um seine Krone, um sein Volk, mit wenigen Rittern erreicht er die türkische Reichsfahne. Vergebens sucht er Soliman, von dessen Leibwache er mehrere Leute tödtet. Das türkische Geschütz ist zum Schweigen gebracht, auf allen Seiten rast der Kampf; Mann gegen Mann müssen die Böhmen und Ungarn der Ueberzahl erliegen. Noch hört man das Geschrei „Jesus! Jesus!" durch das Allahrufen der Türken, noch weht das Banner der Mönche. Der König jagt zurück, er sammelt die Reisigen, das Fussvolk, den Tross und führt sie mit dem Rufe: „Jesus!" vorwärts. Sie stürmen muthig an, doch eine Salve der türkischen Geschütze genügt, sie in die Flucht zu treiben. Der König ist nicht mehr im Stande, seine Truppen im Feuer zu erhalten. Tomorri fällt. Die Husaren fliehen. Der Judex Curiae kehrt das Reichsbanner um, zum Zeichen, dass Jedermann sich retten solle. Die Flucht

wird allgemein. Balibeg sprengt, aus dem Thale des Hinterhaltes, in die rechte Flanke und in den Rücken der Ungarn.
Er treibt sie gegen die Donau, wo Hunderte in einem Arme
des Flusses ertrinken. Das ungarische Fussvolk wird vollkommen zusammengehauen. Die Geschütze der Ungarn sind erobert. Das ungarische Heer ist umringt, wer entkommen will,
muss sich durch die zehnfache Uebermacht des Feindes den
Weg bahnen.

Jene drei edlen Magyaren, welche den König vertheidigen
sollten, hatten ihn verlassen. Sein Stallmeister, der treue
Schlesier Czettriez und der Pole Trepka suchen ihn zu retten.
Ein Diener nimmt des Königs goldene Pferdedecke und stolzen
Helmbusch. Ludwig und seine Begleiter hauen sich durch, sie
erreichen den Donauarm. Czettriez reitet voran, dem Könige
den Weg zu zeigen. Ludwig folgt, er ereilt das jenseitige Ufer,
das steil emporragt. Sein Pferd versagt den Sprung. Er spornt
es, da überschlägt sich das Thier und drückt den König, dessen
Rüstung seine Bewegung hemmt, in das Wasser. Vergebens
sucht Czettriez ihn zu retten. Die Türken jagen heran, er muss
die Leiche des Königs verlassen. Vorn kämpfen die Böhmen,
das Banner der Mönche bis auf den letzten Mann. Nur einzelnen dieser Helden gelingt es, mit Blut bedeckt, sich durch die
Türken einen Weg zu bahnen.

Ein böhmischer Edelmann, der die Mönche kämpfen sah
und glücklich in seine Heimat kam, gelobte sich, sein Leben-
lang sein Barret abzuziehen, wenn er einem Mönche begegne.

Die Grafen Albin und Albrecht Schlick, deren Leute
mit ihren Rüstungen und Streitrossen erst während der Schlacht
eintrafen, gaben sich verloren, als sie ungerüstet in das Gefecht
mussten. Ihren leichten Waffen und Pferden dankten sie jetzt ihr
Leben, während Stephan Graf Schlick, Graf Gutenstein
und die böhmischen Herren, die schwer gewaffnet in den Kampf
geritten waren, mit Wunden und Ruhm bedeckt, auf dem

Schlachtfelde von Mohacz blieben. Albin Schlick und sein Hauptmann Wolf kämpften sich durch, übersetzten glücklich denselben Donauarm, in dem der König ertrunken war, und jagten davon. Auf einer Anhöhe, auf der sie und ihre Thiere Athem schöpften, sahen sie das türkische Heer sich über die Ebene von Mohacz ergiessen. Der Himmel verfinsterte sich, ein fürchterliches Gewitter entlud sich über dem Schlachtfelde und verwandelte es in einen See. Die Nacht machte der Verfolgung ein Ende. Jene, welche entkamen, dankten es ausser ihrem tapferen Arme zunächst der Beutelust der Türken, welche die Gefallenen, die Gefangenen, die Wagen plünderten, dem Gewitter, der Dunkelheit.

So endete der Tag von Mohacz, an dem Ludwig II. König von Ungarn und Böhmen mit 26,000 weder an Kampf noch Gehorsam gewöhnten Magyaren, 300,000 Türken unter Soliman angriff, einen zehnmal so starken, kampfgewohnten, fanatischen, von einem angebeteten Führer befehligten Feind. Der König kämpfte und fiel nicht für den Sieg, sondern für die Ehre. Die Anordnungen Tomorri's zur Schlacht zeugen von keinem Feldherrntalent. Er stellte sein Heer in der Ebene auf und überliess dem Feinde die Anhöhe, auf welcher derselbe unter dem Schutze einer Kirche sein Geschütz auffahren und durch dessen verheerendes Feuer die Mitte der Ungarn niederschmettern konnte, während ihre Flügel von den seinigen überflügelt wurden.

Das ungarische Heer, auf seiner Flucht von dem wilden Schlachtruf der Spahis gehetzt, von ihren Säbeln gemäht, liess 22,000 Gefallene, darunter über 500 Edelleute, auf dem Schlachtfelde. Die Türken hieben 2000 Gefangene nieder und pflanzten die Köpfe von 7 Bischöfen, 28 Magnaten und mehr als 100 Edelleuten vor dem Zelte Solimans auf.

Am Abende der Schlacht trafen die ersten Reiter Szápolya's bei Mohacz ein und kehrten mit der Nachricht der

Niederlage um: standen Szápolya mit 40,000 Mann in Szegedin, Frangipani mit 15,000 Illyriern bei Agram, die Böhmen bei Weissenburg, während Markgraf Georg von Brandenburg mit schlesischen Reitern heranrückte.

Von den ersten Flüchtlingen der Mohaczer Schlacht empfing Maria in der Burg zu Ofen die Nachricht von dem Ende ihres Gatten und ihres Reiches. Sie rang einige Augenblicke mit dem Tode. Ein Herzleiden blieb ihr bis an ihr Ende. Sie floh, von der Mehrzahl der Bewohner Ofens begleitet, nach Pressburg. So viel man an Habe und Schätzen fortschaffen konnte, wurde auf der Donau mit weggeführt.

Albin Schlick und sein Hauptmann Wolf, auf ihrer Flucht mehr von den Magyaren als von den Türken bedroht, erreichten wenige Tage nach der Schlacht ebenfalls glücklich Pressburg. Als die Königin erfuhr, dass einige aus der Schlacht zurückgekommen wären, sandte sie nach denselben. Die Böhmen mussten sich in der Stadt Röcke leihen, um vor ihr erscheinen zu können. Maria war gefasst, aber bleich, sie fragte, aus welchem Geschlechte sie seien? Als Herr Albin erwiederte, er sei ein junger Schlick, da sprach sie: „Und wenn ein Hündlein käme dieses Namens, wir wollten es lieb haben unseres Königes willen", und bot ihm die Hand. Jetzt übermannte sie der Schmerz: „O! habt ihr meinen König verlassen?" rief sie und sank zu Boden, in Ohnmacht. Ihre Frauen liefen jammernd herbei, brachten Würze, wandten Alles an, sie zu beleben.

Als sie die Augen aufschlug, war ihre erste Frage nach Ludwig. Als sie zu sich gekommen war, sprach sie mehr als eine Stunde mit Schlick und seinem Hauptmann. Sie mussten ihr genau berichten, wie die Schlacht beschlossen und wie sie geschlagen wurde. Wie die Schaaren geordnet waren, die Türken dieselben angriffen, wie der König bleich wurde, als er den Helm aufsetzte, wie er dann mit eingelegter Lanze Allen voran auf die Reihen der Türken ansprengte, der Erste ihre

Geschütze, die Fahne des Propheten erreichte, wie die Ungarn
flohen, der König sie vergebens immer wieder vorführte und
wie er zuletzt im Getümmel verschwand. Dann reichte sie
ihnen stumm die Hand, welche sie knieend küssten, und winkte
ihnen zu gehen.

Am elften Tage nach der Schlacht traf auch Albert
Schlick in Pressburg ein. Er hatte sich durch vier Türken
durchhauen müssen. Albin hatte ihn verloren gegeben. Ihr
Wiedersehen war ergreifend, sie konnten vor Freude und Weinen
nicht mit einander reden.

Beide Schlick wurden sogleich zu der Königin beschieden.
„O! habt ihr meine Liebe, meinen Trost, meinen König verlassen!" rief Maria und wurde ohnmächtig. Als sie sich erholte, erwiederten die Grafen: „Allergnädigste Frau und gross-
mächtigste Königin! Uns armen Böhmen ist die Ehre nicht ver-
gönnt worden, unsern allergnädigsten König zu bewachen. Wenn
Seine Majestät uns wäre befohlen worden, so hätten wir ihn —
wenn Gott es gewollt hätte — davon gebracht oder wären bei
ihm gestorben!" Hierauf sprach die Königin noch lange mit
den treuen böhmischen Herren und entliess sie, da Albin
Schlick ihres Gatten Rath gewesen, mit der Bitte, zu ihrem
Bruder, dem Erzherzog Ferdinand, nach Wien zu gehen,
an den sie ihnen eine Botschaft gab.

Das Ereigniss von Mohacz wirkte mächtig auf Europa,
noch mächtiger auf die deutschen Gauen. Es entstand hier ein
Volkslied von König Ludwig und Maria, das nach der Weise:
„Es wohnet Lieb' bei Liebe" gesungen wurde.

Das Volk hat das Talent, nur das Poetische, das ist das
Beste oder Schlechteste, an einer Natur zu erfassen. Maria
war einer seiner Engel geworden. Diese Ovation war nicht die
einzige. Von Luther erhielt die Witwe Ludwigs ein Beileids-
schreiben, Erasmus von Rotterdam, dessen Einfluss in
Europa damals jenem Voltaire's im 18. Jahrhundert glich,

dessen Werke sich von Paris bis Krakau, von London bis Rom in den Händen Aller befanden, die auf Bildung Anspruch machten, schrieb für die geistreichste Frau seiner Zeit sein Buch „Von der Witwe."

Nach der Schlacht von Mohacz war Europa den Türken offen. Wirklich schien sich Soliman mit der Eroberung von Ungarn nicht zu begnügen. Während er an beiden Seiten der Donau hinaufzog, die Flammen der Städte und Dörfer seinen Marsch bezeichneten, entsandte er Reiterschaaren nach Steiermark und Oesterreich. Die Bürger von Wien suchten ihre rostigen Waffen hervor, um sich vor den Krummsäbeln der Osmanen, ihre Weiber und Kinder vor den Harems ihrer Paschas und den Casernen ihrer Janitscharen zu schützen. Soliman zog in Ofen ein, dessen Schlüssel man ihm bis Feldwar entgegentrug. Während seine Reiter Ungarn verwüsteten, dessen Einwohner in die Sclaverei schleppten, plünderte der Grossherr selbst die Königsburg zu Ofen. Die Geschütze, die königlichen Sammlungen, die ehernen Statuen der Diana, des Apollo und Hercules, einen Theil der Corvinischen Bibliothek liess er auf der Donau bis Belgrad und von dort nach Constantinopel schaffen. Szápolya und Frangipani hatten sich, ebenso wie die anderen Hilfsvölker, nach der Schlacht von Mohacz zurückgezogen. Szápolya verschanzte sich bei Tokai. Hier gelang es ihm, seine Anhänger, seine Truppen noch fester an sich zu ketten. Der letzte Jagelone war nicht mehr, der Weg zu dem Throne offen. In Pest erschienen ungarische Grosse, welche Soliman, den Vertheiler der Kronen der Erde, demüthig baten, Szápolya zu ihrem Könige zu machen. Der Sultan war gnädig, er reichte ihnen die Hand zum Kusse und bewilligte ihre Bitte. Nachrichten von einer Verschwörung in der Hauptstadt seines Reiches, von dem Aufstande seiner asiatischen Provinzen zwangen ihn zur Rückkehr.

Nachdem er zwei Wochen in Ofen residirt hatte, trat er

den Rückzug an, an den beiden Ufern der Donau, plündernd
und mordend. Nachdem er im Scheiden Szegedin, Baes und
andere Städte an dem linken Ufer des Flusses in Schutthaufen
verwandelt, verliess er am 10. October Ungarn mit Ruhm und
Beute beladen, über 300,000 Menschen aller Stände in die Sclaverei schleppend.

Als Königin Maria von dem Abzuge Solimans Nach-
richt erhielt, sandte sie Czettricz, den treuen Stallmeister des
Königs, welcher Zeuge seines Todes gewesen war, nach Mohacz
um die Leiche Ludwigs. Der treue Czettricz ritt allein bis
Raab, von wo aus ihm der dortige Schlosshauptmann Sarfi
mit 12 Reitern das Geleite gab.

Wie sie in die Nähe des Schlachtfeldes kamen, zeigte
Czettricz schon von weitem die Stelle, wo der König
gefallen war. Sie gaben ihren Thieren die Sporen und
sprengten hin. Auf der bezeichneten Stelle lag ein todtes
Ross im Schlamme, dabei die Waffen des Königs; er selbst
war nicht zu sehen. Sie stiegen ab, sie wandten die Leichen
um, sie sahen manches Gesicht, das ihnen aus dem Rathssaale,
vom Hofe oder Landtage her bekannt war, aber Ludwig fanden
sie nicht. Weithin war das Feld mit gefallenen Menschen und
Pferden, zerbrochenen Waffen und Rüstungen bedeckt. Mitten
unter so viel Leichen, die Niemand einer Hand voll Erde werth
fand, fiel ihnen ein frischer Grabhügel auf. Mit ihren Nägeln
gruben sie ihn auf, der rechte Fuss wurde sichtbar. Der eine
sprang zum Donauarm und schöpfte Wasser in seinen Hut. Als
sie ihn gewaschen hatten, erkannte Czettricz an einem Mal
die Leiche seines Herrn. Mit aller leidenschaftlichen Anhänglichkeit eines Slawen warf er sich auf die Kniee, weinte und
bedeckte dieselbe mit Küssen. Rasch gruben sie die Leiche
aus. Keine Spur von Verwesung oder einer Wunde war an
ihr zu entdecken. In ein Leintuch gehüllt, in einem Sarge, den
sie von Raab mitgeführt, brachten sie die Leiche Ludwigs II.

nach Stuhlweissenburg, der Krönungs- und Begräbnissstätte der ungarischen Könige. Schöner als die Marmorsarkophage in der Königsgruft war das schlichte Grab zu Mohacz.

Bauern, welche die Blüthe des ungarischen Adels, die auf jenem Schlachtfelde lag, nicht einer Hand voll Erde werth fanden, hatten ihrem Könige dieses Denkmal der Treue und Liebe eines Volkes gesetzt.

Mit Ludwig II. war der Mannesstamm der Jagelonen in Ungarn ausgestorben, Maria war kinderlos geblieben.

Böhmen und Ungarn waren Wahlreiche, dennoch erhob Erzherzog Ferdinand von Oesterreich sogleich als Gatte der Anna Jagello und auf Familienverträge gestützt, seine Ansprüche auf beide. Das Letztere machte ihm der Wojwode von Siebenbürgen, Johann Szápolya, streitig. Während dessen Anhänger sich auf dem Rákos versammelten und mit Zustimmung Solimans, der sich mit Recht als Ungarns Herr ansah, den Wojwoden wählten, erschien Maria in tiefer Trauer, ihr bleiches Gesicht mit dem Witwenschleier verhüllt, auf dem Reichstage zu Pressburg, und die hier versammelten Magyaren, durch den Anblick Maria's wie 200 Jahre später durch jenen Maria Theresia's begeistert, riefen ihren Bruder Ferdinand zum Könige aus.

Die Bedeutung des Momentes ist welthistorisch. Seit demselben ist Ungarn österreichisch.

Durch einen Erbvertrag mit Ungarns letztem Könige, durch freie Wahl des ungarischen Parlamentes war das Haus Habsburg auf den ungarischen Thron berufen. Dies war sein erstes Recht auf Ungarn. Es erwarb jedoch noch ein entscheidenderes.

Man ist leicht geneigt, hinterher die Bedeutung historischer Momente zu überschätzen und die Wahrheit den natürlichen Gang der Geschichte, welche ihre eigenen Gesetze, ihre eigene Wirkung und Schönheit, die Kunst der Geschichtschreibung, welche in der Entwicklung und Darstellung derselben ihre höchste Aufgabe hat, einer mehr dramatischen Wirkung und Concentration zu opfern. Decoration, Costüme, zündende Phrasen verfehlen selten ihre Wirkung. Enttäuscht, wenn nicht entrüstet, sieht das Publicum den historischen Kritiker diese Wirkung durch seine Enthüllungen zerstören. Der Reichstag von Pressburg ist eine dieser Scenen. Es ist ein erhabenes Schauspiel, einen Fürsten durch ein Volk berufen, ein Volk mit demselben Verpflichtungen austauschen und seine Rechte festsetzen zu sehen; es konnte sein Publicum, Oesterreicher und Ungarn, entzücken. Aber sehen wir näher zu. Von wem wurde Ferdinand berufen und unter welchen Verhältnissen?

Wollen wir schon den ungarischen Adel als die ungarische Nation anerkennen, war dieser Adel einstimmig in seiner Wahl des Erzherzogs zu seinem Könige? — Nein! — Wurde der Erzherzog berufen, ein mächtiges und freies Volk zu regieren, frei, um Bedingungen stellen, mächtig, um den König für die Beschränkung seiner Macht entschädigen zu können? — Nein! —

Nach kurzer Blüthe unter Corvinus, war das ungarische Reich unter den Jagelonen in Nichts zusammengesunken. Die Magyaren waren unfähig, ferner frei und selbstständig zu bleiben, und ihr morsches Adelsreich sank nicht einmal so ehrenvoll wie das polnische. Seine Vorkämpfer rissen bei der ersten Decharge der türkischen Geschütze aus und liessen ihren König im Sumpfe ersticken. Polen sank gross und erhaben, die Bewunderung Europa's begleitete seinen Fall; Ungarns Ende war jämmerlich. Eine einzige Schlacht warf es zu den Füssen des Feindes, und es machte niemals einen Versuch sich aus seiner Schmach zu erheben. Seine nationale Partei empfing den Sieger mit abgezogenen Mützen. ihr Führer küsste seine Hände und nahm das Reich von ihm zu Lehen. So endete Ungarn. Es wurde eine türkische Provinz, seine nationalen Helden, ein Tököli, Rakoczi u. s. w., die Sclaven des Grossherrn.

Die Partei Báthory's, welche sich in Pressburg um die Witwe Ludwigs sammelte, und unter Eljens den hohen Habsburger auf den Thron rief, war nicht Ungarn. Sie wusste, dass ihre Säbel nicht im Stande waren, dem von ihr gewählten König nur ein Dorf seines Reiches zu erobern. Der Reichstag zu Pressburg war eine Form die der Erzherzog erfüllte, eine alte Gewohnheit die er beibehielt. Diese Gewohnheit hatte am Tage von Mohacz ihre Bedeutung verloren, sie gab ihm in den Augen des Volkes ein Recht auf Ungarn, das jenem Szápolya's mindestens die Wage hielt, aber sie gab ihm nicht den Besitz Ungarns. Es galt nicht einen Kampf zwischen Szápolya und Ferdinand, nicht einen Kampf zweier Gegenkönige, es galt den Kampf zweier Eroberer Ferdinand oder Soliman. Ungarn wurde das Schlachtfeld, auf welchem bald die grössten Mächte des Zeitalters, Kaiser und Sultan, Islam und Christenthum, um die Vorherrschaft ringen sollten.

Es ist begreiflich, dass das magyarische Interesse die Habsburger an die Jagelonen anzuknüpfen sucht, aber die Thatsachen widersprechen diesen Wünschen.

Ferdinand zog in Ungarn als Eroberer ein. Das Recht der Eroberung ist ein zweites und gewaltigeres Recht Oesterreichs auf Ungarn. Die Eroberung wurde vollzogen nach einem beinahe 200jährigen Kampfe, nachdem die Fahne des Propheten und das ungarische Banner immer wieder vor Oesterreichs Fahne in den Staub gesunken waren. Und so wurde Ungarn österreichisch ohne Wahl, ohne Bedingungen, es wurde österreichisch durch deutsches und slawisches Blut, durch die Tage von Tokai, St. Gotthard, Wien, Ofen, Zenta, Trenschin und Belgrad.

Es war eine Eroberung der Civilisation gegenüber der Nationalität. Ungarn hatte seine Aufgabe erfüllt, sie war eine nationale, an seine Stelle trat Oesterreich, denn Oesterreichs Aufgabe ist eine civilisatorische. Die Civilisation umfasst den Erdball, die Menschheit, sie lässt sich nicht in nationale Fesseln schlagen.

Sie geht unaufhaltsam über alles Entgegengesetzte, über Personen, Stände, Nationalitäten weg. So wird auch Oesterreich seine Aufgabe erfüllen: Zweige aller europäischen Stämme durch das Band freier menschlicher Entwicklung zu einer politischen Nationalität, zu einem grossen, freien Staate zu vereinigen, und auf diese Weise im Kleinen den Process vollziehen, welchem die ganze Menschheit mit Riesenschritten entgegeneilt.

II. Die Witwe Ludwigs II.

Maria von Ungarn, durch die Sympathien, welche sich auf dem Reichstage zu Pressburg für sie kundgaben, gerührt, entschloss sich auf Bitten der Magnaten, statt ihres Bruders Ferdinand, der nach Böhmen geeilt war, die Zügel der Regierung in Ungarn in die Hand zu nehmen. Sie unternahm es, von Geld und Truppen entblösst ein Reich zu verwalten, von dem der grösste Theil erst erobert werden musste, ein anderer den Erzherzog nicht anerkennen wollte, vielmehr bewaffnet um seinen Mitbewerber Johann Szápolya sich schaarte. Die treuen Magnaten hatten im Kriege ihr Leben oder ihr Vermögen eingebüsst, und ihr stolzes Blut sträubte sich sogar gegen jene Dürftigkeit, welche ihre Regentin, die Witwe ihres Königs, der diese Güter schützend gefallen war, mit ihnen theilte. Maria's Entschluss war kühn, aber so stark ihr Geist sich in der Zukunft in der Bewältigung von Hindernissen zeigte, hier waren alle seine Anstrengungen fruchtlos. Er war nicht erfinderisch genug, um leere Kassen in einem Lande zu füllen, dessen Städte niedergebrannt, dessen Einwohner geplündert waren; nicht kräftig genug ein Heer zu bilden, wo des Volkes beste Söhne theils gefallen waren, theils im Heerlager des Feindes standen.

Die Königin sah sich von Soliman, wie von Szápolya bedroht, ohne Mittel nur dem Einen Widerstand zu leisten. Ungarn war erschöpft, es musste durch österreichisches Geld, durch österreichische Schwerter erobert und regiert werden. Beide konnte Ferdinand im Augenblicke nicht entbehren. Alle Mittel, welche er seiner Schwester überliess, waren ein paar Fähnlein böhmischer und österreichischer Kriegsleute. Die Zukunft bewies auf allen Schlachtfeldern Ungarns, dass ein böhmischer und österreichischer Soldat mehr werth ist als ein ganzes ungarisches Banderium oder ein türkisches Geschwader. Auch für Maria genügte diese Handvoll Braver, zwar nicht um als ungarische Semiramis aefzutreten, doch um nicht einen Fussbreit Bodens zu verlieren. Unter diesen Verhältnissen war dies Alles was zu erreichen war. Ihre Lage wurde jedoch noch peinlicher. Sie borgte bedeutende Summen, sie war nahe daran ihren Schmuck, ja ihr Tafelgeschirr zu verkaufen, um die ungarischen Magnaten ihres Anhanges zu befriedigen, dennoch verliessen viele die Sache Ferdinands und eilten den Fahnen und Geldsäcken des Wojwoden zu.

Ihr Bruder Ferdinand antwortete auf Briefe, in denen sie ihn beschwor, die Schande, welche diesen Verhältnissen entwachsen musste, nicht über sie kommen zu lassen, mit leeren Versprechungen, während sich in seiner Nähe noch Leute fanden, welche die Regierung seiner Schwester tadelten und Anforderungen an dieselbe stellten, welche dieselbe nur im Besitze jener Zaubergaben von Rolands Schildknappen hätte erfüllen können. Die Tage im Staatsrathe oder Feldlager, die Nächte am Schreibtisch zubringend, ward Maria vor Anstrengung nicht minder als vor Schmerz um den verlornen Gatten immer leidender. Ihre Aerzte verlangten eine Luftveränderung. Sie erklärte endlich Ferdinand, dass sie des Amtes müde sei.

Einer der mächtigsten Anhänger des Hauses Habsburg, der Ban Bathyani hatte eben vollkommen entmuthigt ihre Partei verlassen. Maria versicherte ihrem Bruder in einem Briefe vom

8. Mai 1527, es sei durchaus nicht ihre Schuld, da sie 8000 Dukaten ausgeliehen habe um ihn zu befriedigen. Wahrscheinlich bot Szápolya noch mehr, und die Mehrzahl der ungarischen Grossen war für den Meistbietenden zu haben.

In demselben Briefe rieth die Königin dem Erzherzog, Böhmen zu verlassen und nach Oesterreich zu kommen, damit diejenigen Muth fassten, welche ihm noch dienen wollten. Sie selbst könne ihm in Ungarn nichts mehr nützen. Sie habe Alles gethan, was sie habe thun können, wenn auch Leute seiner Umgebung anderer Ansicht seien. Er möge ihr den Abschied geben, damit sie sich nach ihrem Gutdünken zurückziehen könne. Endlich gab Ferdinand, den ihre Bitten nicht bewegt hatten, ihrem entschieden ausgesprochenen Verlangen nach, während er sich zu gleicher Zeit in seinem Antwortschreiben dagegen verwahrte, dass Jemand an seinem Hofe über ihre Verwaltung abgesprochen habe. Niemand werde dies wagen, da er selbst von ihrer Fähigkeit, die Angelegenheiten jenes Reiches zu leiten, zu sehr überzeugt sei. Er füge sich nur dem Rathe ihrer Aerzte und ihrem ausdrücklichen Verlangen.

Während er sich nun selbst nach Ungarn begab, zog sich seine Schwester nach Oesterreich zurück. Ihre Wohnung war bald in Linz bald in Passau. In Ungarn erfolgte sogleich ein Umschlag. Ferdinand führte Geld und Truppen mit sich. So konnte er in Ofen einziehen, die Schlachten am Berge Tarczal und bei Tokai gewinnen, Ungarn und Kroatien erobern. Derselbe magyarische Adel, der früher ihn verrathen hatte, verrieth jetzt den Wojwoden. Auf einem Reichstage im Februar 1528 erkannte dieser Adel die Macht der Thatsachen an, er bestätigte die Wahl Ferdinands zum König von Ungarn und folgte ihm nach Stuhlweissenburg zur Krönung. Als Ferdinand in die Erblande zurückkehrte, um Truppen gegen Szápolya zu sammeln, sah er neuerdings die Nothwendigkeit ein, während seiner Abwesenheit einen Stellvertreter zu bestellen, welcher seine

Interessen wie jene des Reiches zu wahren fähig war. Die Ungarn hatten diese Fähigkeit gerade an einer Frau entdeckt, sie verlangten wieder von Maria regiert zu werden. Ferdinand bat seine Schwester als Bruder und König, im Namen seines Volkes den Witwensitz noch einmal mit dem Königssitze von Ungarn zu vertauschen. Aus Maria sprach der verletzte Stolz der Frau, der Regentin: „Wenn ich auch lebhaft wünsche Euch zu dienen, fühle ich mich doch nicht fähig genug, die Regentschaft zu führen, und wage es daher nicht dieselbe zu übernehmen. Zu diesem Zwecke, fügte sie schnippisch hinzu, ist eine klügere und ältere Person nöthig, als ich bin." Ferdinand schrieb zurück, dass ihm diese Gründe nicht genügend schienen. Maria erschien unerschütterlich gegen Bitten wie gegen Schmeicheleien und das glänzende Lob, das man ihrer Herrscherweisheit spendete. Ihre Einsamkeit war ihr lieb geworden, sie lebte ihren Erinnerungen und benutzte ihre Musse dazu, sich in jeder Hinsicht zu unterrichten. Sie las die Classiker, die Bibel, sie führte einen lebhaften Briefwechsel.

Ganz fest blieb sie dabei, nur die Vermittlerin zwischen ihrem Bruder und dem ungarischen Reichsrathe zu machen. Maria war es, welche jetzt Ferdinand mit dem feinen Spotte geistiger Ueberlegenheit, mit dem Eifer eines gross angelegten, unbeugsamen Charakters unausgesetzt zur Thätigkeit reizte. Maria wurde einerseits Ferdinands Gewissen, andererseits die Stimme des ungarischen Volkes. Ungarn besass zwar ein Parlament, den Landtag, aber dieser war nicht geeignet das Volk zu vertreten, nicht einmal vorzustellen.

Die ungarische Freiheit blieb unter allen Verhältnissen eine rein aristokratische. Das ungarische Volk war der ungarische Adel. Die Städte bekamen nicht als solche, nur als Edelleute Rechte, Sitz und Stimme. Dennoch war der Landtag nicht einmal eine Vertretung des Adels, nur derjenigen adligen Partei, welche im Augenblicke über mehr Dukaten und Säbel gebot.

Statt der Mittler zu sein, war der Landtag die Scheidewand zwischen König und Volk. Jetzt konnte das Volk zu seinem König sprechen. Die Wahrheit, welche stets die Contumaz der Antichambre passiren muss und nur mit höfischen Luftlöchern zu dem Ohr des unumschränkten Herrschers gelangt, durfte die Fürstin, die Witwe des Vorgängers — wenn diese nicht, die Habsburgerin, die Schwester ihrem Bruder vortragen. Ihre Thüre war jedem offen. Wer vor ihr stand, konnte sprechen wie zu Gott. Was er sagte, war wie unter dem heiligen Siegel der Beichte gesagt.

Ungarische Grosse, welche an dem Hofe Ferdinands aus Misstrauen schwiegen, sprachen hier ohne Rückhalt und erschöpfend über die Zustände ihres Vaterlandes, über die Aufgaben und Missgriffe der Regierung. In der Ueberzeugung sprachen sie, dass ihre Worte zu ihrem König gelangten, ohne dass sie selbst blosgestellt würden. Maria sah daher die Verhältnisse des Reiches wie sie waren, in nackter Wirklichkeit, nicht im Festkleide, wie sie gewöhnlich den Herrschern erscheinen. Er erfuhr durch sie Uebergriffe der Regierung nicht minder als Mängel derselben. Für jeden Fehler seiner Beamten musste er büssen. Keine böse That, keine Willkür, kein Unrecht, nicht einmal eine Unklugheit konnte ihm verborgen bleiben. Niemals bemühte Maria sich, die Gefahren, welche ihn umgaben, ihrem Bruder kleiner erscheinen zu lassen. Der Sultan erschien in ihren Berichten noch eroberungslustiger, der Wojwode noch populärer als sie es wirklich waren. Sie sprach wie von etwas Unabwendbarem, dass der Halbmond auf den Mauern Wiens und die Krone des heiligen Stephan auf dem Haupte Szápolya's prangen werde, wenn Ferdinands Gegenmassregeln nicht grossartigere Dimensionen annehmen würden. Nicht minder sorgte sie dafür, dass er seine Soldaten nicht für tapferer hielt als die feindlichen, und die Partei des Gegners nicht für geringer als seine.

Aber sie gab nicht den Ungarn allein die Schuld, sondern ihm ebenso, dem Mangel an Umsicht und Thatkraft bei ihm. Wie einem unartigen Knaben hielt sie ihm unausgesetzt seine guten Vorsätze und die Versprechungen vor, welche er den Ungarn gemacht, erinnerte ihn daran, sein königliches Wort einzulösen und bald nach Ungarn zurückzukehren, mahnte ihn an den Eid, den er nach altem Brauche bei der Krönung geleistet: alle Provinzen, die Ungarn verloren, wieder zu erobern. Die Correspondenz mit seiner Schwester ersetzte Ferdinand den Controllorgang. Maria wurde nicht müde in ihrem Amte, die unschuldigste Gelegenheit benützte sie zu einer staatsmännischen Erörterung. So schrieb sie dem Könige am 13. Juni 1529 unter der einschmeichelnden Hülle eines schwesterlichen Glückwunsches zu der Geburt seines Sohnes: „Da Gott ihn mit so viel Kindern beschenke, sei es um so nothwendiger, dass er rastlos thätig sei, seine Länder zu erhalten. Sie sehe, dass es schwer fallen werde, Ungarn zu behaupten, da das Volk mit ihm unzufrieden sei und jene verwünsche, von denen es verleitet wurde, ihn zum Könige zu wählen."

Wirklich war ein Umschlag zu Gunsten Szápolya's erfolgt. Von dem Augenblicke an, wo er bei Kaschau geschlagen nach Polen fliehen musste, war seine Partei, von dem Mönche Martinuzzi geleitet, im Wachsen begriffen. Der Landesflüchtige, ohne Krone, ohne Geld, ohne Heer, bot Sultan Soliman, dem Austheiler der Kronen der Welt, sein Bündniss an und Soliman schwor bei dem Propheten, ihm Ungarn erobern zu helfen.

Aus Ungarn selbst erhielt Szápolya Geld und Soldaten. Er konnte im September 1529 zurückkehren und bei Saros Patak siegen. Jetzt strömten seine geheimen Anhänger offen seinen Fahnen zu und Soliman überschritt die Grenze.

Auf dem Schlachtfelde von Móhacz, wo Ludwig II. wie ein Held gefallen war, küsste Szápolya des Sultans Hand, übergab demselben ein Bischof die ungarische Krone und die

Reichsinsignien. Der Sultan erstürmte Ofen und setzte Johann Szápolya feierlich auf den Thron.

Deutschland schien ihm offen. Sein Marsch nach Wien war ein Triumph-, kein Heereszug. Die Ungarn öffneten die Thore ihrer Städte und Festungen, ohne einen Schuss zu wagen, aber Wien pflanzte stolz das Banner Oesterreichs und Geschütz auf seine Mauer und erwartete furchtlos den Sieger von Rhodus und Mohacz, den Eroberer Bosniens und Ungarns. Der Oesterreicher kämpfte damals für Europa, und Europa hätte keinen würdigeren Kämpfer finden können.

Nachdem der Grossherr die Bresche, welche seine Geschütze geschossen, vergebens mit den Leichen seiner Kerntruppen gefüllt, zog er mordend und plündernd, wie er gekommen, in sein Reich zurück.

Diese Ereignisse mussten dazu dienen, der damaligen Diplomatie vor der politischen Weisheit und Voraussicht Maria's grosse Achtung einzuflössen. Kann man darüber erstaunen, dass König Ferdinand ebenso wie seine Anhänger in Ungarn neuerdings wünschten, die Königin jetzt die Staatsgeschäfte sowohl, als den Kampf gegen Szápolya leiten zu sehen?

Aber die junge üppig schöne Witwe musste noch ganz andere Wünsche erwecken als die, von ihrer zarten und doch festen Hand, von ihrem klaren Blicke gelenkt, von ihren beredten Lippen, ihrem sprudelnden Witze, ihrem edeln Zorne vertreten zu werden. Die Frauen ihres Hauses, vor Allen die Enkelinnen Maximilians, die Schwestern Karls V., waren damals die Zierden fürstlicher Hochzeitslager und Throne: die mächtigsten Fürsten baten um ihre Hand, sie waren mit den ersten Kronen der Christenheit geschmückt.

Sollte Maria von Ungarn allein von diesen Wünschen unerreicht bleiben? musste die Königin, wenn sie auch von den heissesten Wünschen unerreicht blieb, dieselben nicht wenigstens erregen? War sie nicht eine Tochter Habsburgs? War sie nicht überdies noch schön, klug, frei? diente nicht ihre österreichische Lippe mit ihrem trotzigen Zuge sogar nur dazu, den Reiz ihres junonischen Hauptes zu erhöhen? Hatte sie nicht in Ungarn Fähigkeiten gezeigt, deren Anordnungen man ohne Gefahr das erste Reich anvertrauen konnte, erschien sie nicht, noch neben ihren berühmten Brüdern, sogar einem Karl V. gegenüber, gross und selbständig? sich selbst genug, von Niemandem beeinflusst, auf Alle Einfluss nehmend. Diese Eigenschaften allein, ohne ihren Rang, hätten genügt, dem grössten Manne ihren Besitz wünschenswerth zu machen. Das Trauerjahr war daher noch nicht zu Ende gegangen, als sich schon zahlreiche und angesehene Bewerber einfanden.

Der liebenswürdigste unter ihnen war der Pfalzgraf Friedrich. Er hatte vor Jahren für ihre Schwester Eleonore eine schwärmerische Neigung gefasst und die schöne Infantin seine Gefühle mit gleicher Innigkeit erwiedert. Sie versprachen sich, nur zusammen vor den Altar zu treten. Ihr Einverständniss wurde Karl V. bekannt, und er beeilte sich, sie auf die grausamste Art zu trennen.

Es ist begreiflich, dass der Erbe so vieler Kronen, der berufen schien, ein Weltreich zu gründen, seine Schwester, welche wie Maria von Ungarn dem Hause Habsburg zwei Königreiche erobern konnte, dem armen deutschen Grafen nicht vermählen wollte. Er hatte jedoch keine Ursache, noch weniger ein Recht, den Liebenden eine Behandlung widerfahren zu lassen, wie ihnen dieselbe zu Theil ward. Ihren Beziehungen konnte der strengste Richter nur den Vorwurf der Unklugheit machen. Sie hatten sich nicht einmal eines Vergehens schuldig gemacht, und er behandelte sie wie Verbrecher. Friedrich wurde förmlich von seinem Hofe gejagt und Eleonore, welche nicht die Seelengrösse einer Maria besass, an den König Emanuel von Portugal verheirathet, einen Mann, dessen Tochter sie hätte sein können. Von da an blieb sie ein willenloses Werkzeug ihres Bruders, eine Marionette mit dem blutenden Herzen einer Dulderin. Auch Friedrichs Anhänglichkeit für Karl V. war durch diese Misshandlung nicht verringert worden, er blieb stets einer der treuesten und thätigsten Parteigänger des Hauses Oesterreich. Jetzt nach Jahren erwachte ihm noch einmal die Hoffnung, mit diesem Hause auch durch ein verwandtschaftliches Band verknüpft zu werden. Der Kaiser und König Ferdinand lenkten selbst seine Aufmerksamkeit auf ihre verwitwete Schwester und wetteiferten diesmal, seinen Absichten nützlich zu werden. Maria beantwortete seine Anträge wie das Fürwort der Brüder auf eine Weise, welche ihm Hoffnung zu geben schien, während es nur die Besorgniss war, der unvergessenen Kränkung des treuen Freundes eine neue hinzuzufügen. Nachdem sie lange einen Vorwand gesucht, fand sie denselben in einem Punkte des vorgeschlagenen Heirathsvertrages und wies endlich den Pfalzgrafen, so zart und rücksichtsvoll als es nur möglich ist, ab.

Anders verfuhr sie anderen Bewerbern gegenüber. Als der Mächtigste unter denselben galt der König Jacob V. von Schottland. Wenn auch der Kaiser wie König Ferdinand ihr die Jugend, Liebenswürdigkeit des Königs, die politischen Vortheile dieser Verbindung ins hellste Licht zu stellen suchten, eröffnete sie demselben doch nicht minder wie anderen Freiern, nicht ohne ihren Worten einen Beigeschmack von Hohn zu geben: „dass es für sie Niemand gebe, der sie ihren Gatten vergessen machen könnte, und dass sie seinen Trauring mit keinem andern vertauschen werde.“

Die Witwe des letzten Jagelonen hatte auf diese Weise einen Entschluss gefasst. welcher alle Berechnungen ihrer Brüder, ihre Schönheit und Anmuth im Gewebe ihrer Politik zu verwerthen, scheitern liess. Alle Versuche derselben, noch einmal den Hermelin um diese Schulter zu legen, waren fruchtlos; dieselbe blieb bis an das Ende ihrer Tage durch den Witwenschleier verhüllt.

Wenn der Kaiser sich zuletzt entschloss, das Gelübde seiner Schwester zu ehren, that er dies mit dem Gedanken, dafür ihre Fähigkeiten, ihren Charakter und vielleicht auch ihre weiblichen Reize in einem anderen Kreise seiner politischen Combinationen fruchtbar zu machen.

Dieser Wirkungskreis ergab sich von selbst, als am 1. December 1530 Margarethe von Oesterreich, Regentin der Niederlande, starb. Den Verlust des weisen Herrschers und gerechten Richters, wie des feinen Diplomaten und kühnen Kriegsfürsten in einer Person, den die Niederlande in Margarethe betrauerten, glaubte Karl V durch Maria, welche ebenfalls eine geborene Niederländerin war, allein ersetzen zu können.

Die Königin von Ungarn hatte zwar früher schon für den Fall, dass diese Statthalterschaft erledigt werden sollte, die Regierung eines Landes abgelehnt, dessen innere Verhältnisse so verwickelt, dessen Grenzen so gefährdet waren. Ihre Beweggründe waren: der krankhafte Zustand, welchen der Schmerz über den Verlust ihres Gatten bei ihr erzeugt hatte; weiter die Art und Weise, wie man sie ohne Hilfsmittel an die Spitze des ungarischen Reiches gestellt und es dann nicht an Kritik, wohl aber an jeder Unterstützung hatte fehlen lassen. Je mehr sie vermuthete, dass man damals an dem Hofe Ferdinands Zweifel in ihre Fähigkeiten gesetzt, um so mehr wollte sie gegenwärtig als diejenige erscheinen, deren Genie man nicht entbehren konnte.

Den dringenden Briefen ihrer Brüder konnte Maria nicht für die Dauer widerstehen. Für diese königliche Natur war es die vollste Genugthuung, dass Karl V. und Ferdinand sie dringend baten, die Regierung der schönsten Provinzen des Hauses Habsburg zu übernehmen, dass der Kaiser erklärte, er könne Niemand finden, der fähiger sei als sie. Ausserdem erwachte in ihr die lange bezähmte Begierde zu herrschen. Sie entschloss sich und gab dafür die anspruchslose Erklärung: „Um dem Kaiser und dem römischen Könige gehorsam zu sein."

Der Kaiser leistete dagegen ein feierliches Versprechen, dass er sie niemals zwingen werde wieder zu heirathen, und Maria verschwur sich in seiner Gegenwart, mit Hinblick auf ihr Herzleiden diese Regentschaft nur für einige Zeit zu führen.

Ehe sie dieselbe antrat, war noch ein Zweifel zu lösen. Er betraf — bei einer österreichischen Fürstin auffallend, noch auffallender bei einer Schwester des Siegers von Mühlberg, des Mönches von St. Juste — die Reinheit ihres Glaubens.

Schon früher war ihre Rechtgläubigkeit in Zweifel gezogen worden. Ihr Bruder Ferdinand übernahm bei ihr damals das Amt eines Inquisitors.

Er nahm sie im Tone eines Kapuziners ins Verhör, und sie antwortete, wie ein schönes, geniales Weib auf Predigten antwortet. Als er Aufklärung über eine Widmung Luthers verlangte, antwortete sie: „Ich kann Luther nicht verbieten zu schreiben was er will, es sei mir günstig oder ungünstig. Er hat dasselbe vielen Fürsten der Christenheit gethan und sie mussten es dulden. Ja! Ihr selbst so wenig wie der Kaiser könntet ihm daran hindern. Er hat sein Buch ohne mein Wissen und meine Zustimmung geschrieben, wie Ihr Euch aus der Vorrede überzeugen könnt." Ferdinand meinte dagegen: „Ich weiss wohl, dass wir Luther nicht hindern können, zu schreiben was er will, aber ich bin überzeugt, dass er mir nie ein Buch widmen wird, am wenigsten eins, worin er mich dafür lobt, dass ich seine Lehre, die er das Evangelium nennt, hege und pflege." Er verlangte, sie möchte ihm nicht das zweite Mal die Antwort auf eine Frage schuldig bleiben, welche die verpönte Lecture von Luthers zu Antwerpen gedruckten Schriften betraf. Er bat sie, ihre Umgebung scharf zu überwachen, damit sie durch das Verhalten derselben nicht in den Ruf komme, gut lutherisch zu sein. Seine Schwester entgegnete mit Entschiedenheit: „Sie habe längere Zeit nichts von Luther gelesen. Diejenigen aber, die um ihr Seelenheil so besorgt wären, möchten ihr doch sa-

gen, was sie gethan habe, das einer Christin verboten sei." Ihr
Bruder wusste ihr vorzuwerfen, dass sie am Freitag Fleisch ge-
gessen habe; Maria aber zu entgegnen, dass sie durch Krankheit
dazu gezwungen gewesen. Ferdinand liess endlich von dem un-
nützen Streite ab.

Der Geist der Maria war allerdings zu rege, um in religiöse
Gleichgültigkeit, zu klar, um in die religiöse Schwärmerei Karls V.
zu verfallen. Ein solcher Geist musste aus sich selbst zu religiösen Zweifeln gelangen, er konnte sich um so weniger den
Ideen seiner Zeit verschliessen. Die Königin von Ungarn hatte
den Gang der kirchlichen Bewegung in Deutschland mit ganz
andern Augen angesehen als ihre Brüder, sie war jedoch von
der unbedingten Huldigung derselben ebensoweit entfernt, als
von der politischen Kampflust ihrer Brüder gegen dieselbe.

Jetzt, als sie die Regentschaft der Niederlande antreten
sollte, erinnerte sich der Kaiser, dass sie selbst in einer Unterredung mit ihm die Ansicht geäussert habe, ihre Orthodoxie
könne in Zweifel gezogen werden. Nun erst wurde dieselbe
Gegenstand ernster Erörterung. Karl V. war dabei weniger auf
das Seelenheil seiner Schwester bedacht, als er vielmehr mit
Recht besorgte, ihre deutsche Umgebung würde nicht Menschen
mit Geldstrafen belegen oder peitschen lassen, welche laut über
das gelacht hatten, worüber sie selbst heimlich lachten, nicht
ihre Häupter auf den Block legen lassen, weil sie einen Glauben
bekannten, welcher der ihrige war. Er schrieb: „Wenn er nur
den mindesten Verdacht in Hinsicht ihrer Rechtgläubigkeit hegen möchte, würde er ihr die Niederlande nicht anvertrauen,
noch mehr, er wüsste nicht, ob er ihr noch mit brüderlicher
Liebe zugethan sein könnte. Nur ihrer Umgebung misstraue er.
In Deutschland dulde man Vieles, und nehme man leicht, was
in den Niederlanden gefährlich erscheine. Wenn sie Häretiker
mitbringe, müsste sie dann die Verantwortung tragen, wenn
diese jenes Strafverfahren einstellen, durch das allein die Nie-

derlande vor der neuen Lehre bewahrt werden können. Uebrigens, fügte er hinzu, „lieben die Niederländer nicht, ihre Herrscher von Fremden umgeben zu sehen." Das Letztere bestimmte die Königin, die vornehmsten ihrer deutschen Diener zu entlassen, besonders jene die verdächtig waren, Bibel und Predigt höher zu halten als Messe und Beichte, die am Freitage Fleisch assen und sich nicht beeilten, vor den Bildern der Heiligen ihr Haupt zu entblössen.

Wie ist jedoch das unbedingte Vertrauen des Kaisers zu Maria von Ungarn zu erklären? Konnte der Kaiser, der ihrer lutherischen Umgebung so entschieden misstraute, ihr selbst, der Freundin Luthers und Erasmus, eine Strenge gegen die Reformation zumuthen, wie er sie in den Niederlanden wünschte?

Maria kannte die Tragweite der unumschränkten Vollmacht, welche der Kaiser ihr gab. Uebernahm sie das Amt eines fürstlichen Inquisitors nur in der Absicht, die Verfolgung der Protestanten in den Niederlanden in der Art, wie ein Gefecht auf der Bühne, in Scene zu setzen? Tausende von Scheiterhaufen sind ebenso viele Beweise dagegen. Die Wahl des Kaisers war also eine wohl erwogene.

Schwerer als diese dürfte vielmehr zu erklären sein, wie ein Weib, das einerseits von zärtlicher Liebe und religiöser Aufklärung, andererseits von Unbeugsamkeit des Charakters unwiderlegbare Beweise gab, Menschen, die einen Glauben verkündeten, den sie zwar nicht bekannte aber theilte, verbrennen oder köpfen lassen konnte. Konnte ein Charakter mit dieser Majestät, dieser Kühnheit, diesem Freimuthe, seine Ueberzeugung verleugnen? Niemals!

Wir werden kaum irren, wenn wir, gestützt auf eine Art Schlussverhandlung, über die religiösen Verhältnisse Maria's das Urtheil fällen, dass ihr Benehmen ein ebenso folgerichtiges als natürliches war.

Wir wissen dass sie daran Vergnügen fand, die Schriften

des Erasmus und Luther zu lesen. Beweist dies, dass sie die Bestrebungen der Reformation vollkommen theilte? Ihre Umgebung bestand zum Theil aus Lutheranern; man darf jedoch nicht ausser Acht lassen, dass dies zu einer Zeit war, wo sie noch nicht Protestanten geworden waren, zu einer Zeit religiösen Waffenstillstandes, wo die Parteien noch auf dem Boden der Kirche standen, wo die Versöhnung eben versucht wurde, die Kirchenspaltung noch nicht vollzogen war. Die Zuschriften Luthers scheinen allerdings die Uebereinstimmung der Königin und des Reformators zu beweisen. Man darf dagegen nicht vergessen, dass Luther damals noch derselben Kirche angehörte wie Maria. Wir finden in allen diesen Thatsachen höchstens entschiedene Sympathien für die Reformation, aber innerhalb der allgemeinen Kirche.

Finden wir ähnliche Beweise der Sympathie der Königin von Ungarn, nachdem die Protestation von Speier, die Confession von Augsburg, das Bündniss zu Schmalkalden erschienen? Wir finden dieselbe vielmehr ebenso geneigt, Luthers Schriften nicht mehr zu lesen, wie ihre lutherischen Diener zu entlassen.

Maria stand in religiöser Beziehung viel mehr mit Erasmus als mit Luther auf einem Boden. So lange der Letztere die Reformation auf dem Boden der allgemeinen Kirche anstrebte, waren Erasmus wie Maria seine Parteigenossen. Aber die Parteien verliessen den kirchlichen Boden. Die Reformation und die katholische Kirche standen sich unversöhnlich gegenüber.

Jetzt blieb Nichts übrig als sich für oder wider zu erklären.

Wirklich standen Erasmus und Maria mit ihrer guten Ueberzeugung zwischen beiden Parteien. Dennoch zweifeln wir, dass ihnen die Wahl schwer wurde. Erasmus fühlte sich nicht zum Märtyrer berufen. Bei Maria, glauben wir, war dies Motiv nicht so entscheidend, wie bei dem weichlichen Schüler des Horaz und Ovid.

Auf der einen Seite stand ihr Haus, seine Politik, seine Ueberlieferungen, ein System: der Bau von Jahrhunderten, umgeben von dem Heiligenschein, den langes Glück, immerwährender Erfolg, hohes Alter stets verleihen, ein System, dem sie sich stets gebeugt hatte; stand alles was sie liebte und hoch schätzte, ihre Blutsverwandten, die Träume ihrer Kindheit, die Ideen ihres Lebens; auf der andern Seite im besten Falle eine Schaar von fremden Menschen, unter denen ihr nur einige durch ihre Schriften, andere als Feinde ihres Hauses bekannt waren, mit denen sie nichts als religiöse Ansichten gemein hatte.

Stand sie treu zu ihren Brüdern, so winkte ihr aller Glanz, alle Macht der Majestät; trat sie zu Luther, so musste sie bereit sein, das Scepter in der Hand für immer mit der Bibel zu vertauschen und Psalmen zu singen, statt grosse Thaten zu verrichten.

Und war Luther der Apostel eines neuen Glaubens, einer neuen Welt? Kam durch ihn ein Geist über die Menschheit, wie damals, als die Elenden die Schlupfwinkel des Jammers, die Grossen der Erde ihre Paläste verliessen, um zu den Füssen des Heilandes zu knieen?

Luther war bloss ein Reformator, am Ende nur das Haupt einer Secte. Zwischen seiner Lehre und der Kirche, welcher Maria angehörte, bestand eine Differenz, welche mehr aus theologischer Gelehrsamkeit, als aus dem religiösen Gefühl entsprang. Grösse, Begeisterung lag nur in seinem Angriffe auf die Entartung der Priester und der Formen dieser Kirche. Waren aber eine Aenderung des Kirchenregiments und der Sacramente, die Aufhebung von Klöstern und überflüssigen Ceremonien, ein sittlicherer Wandel der Geistlichen Dinge, die eine Fürstin begeistern könnten, Diadem und Hermelin herabzureissen, ihr Haus, ihre Blutsverwandten, Ruhm, Grösse zu verlassen, den ganzen übrigen Gehalt ihres Daseins wegzuwerfen und für eine solche Sache zu leiden, vielleicht zu bluten und den makellosen Namen H a b s - b u r g zu beflecken?

Nur der Fanatismus hätte anders wählen können, als Maria wählte.

Sie konnte die Meinungen des Reformators theilen, seine Bestrebungen unterstützen; aber sie konnte nicht, als die Kirche und Luther unversöhnliche Parteien waren, um einigen religiösen Ansichten treu zu bleiben, an ihrem Blute, ihrem Ruhme, ihrer Zukunft eine noch grössere Untreue begehen.

Ihre Wahl erscheint auf diese Weise mit ihrer religiösen Ueberzeugung und Aufklärung ebenso vereinbar, wie mit der Stärke ihres Charakters.

Unmöglich scheint es dagegen ihr Auftreten als Regentin, ihre Strenge gegen die Lutheraner mit der Zärtlichkeit ihres Gemüthes in Einklang zu bringen. Allerdings lässt es sich ganz gut erklären, dass ein Weib, das in jener Zeit für liebenswürdig galt, Todesurtheile fällte und Todesarten dictirte, von denen sich unsere Zeitgenossen mit Entsetzen abwenden; denn das Weib war damals überhaupt nicht empfindsam und Maria, welche ihre Lust daran fand, den Hirsch zu hetzen und zu tödten und Gefechten beizuwohnen, war vollends gewöhnt Blut zu sehen. Aber man kann Vieles erklären, was man nicht gutheissen kann. Der Geschichtschreiber hat eine zweifache Aufgabe, die Charaktere der Vergangenheit zu erklären und zu richten. Wir können in dem ganzen Verhalten Maria's, der Regentin, gegenüber den Lutheranern nur etwas Natur- und Zeitgemässes finden, dies hält uns jedoch nicht ab dasselbe zu verurtheilen.

Ein einziger Fleck verunehrt den Charakter der Maria, aber es ist ein Schandfleck. Er lässt sich durch kein Raisonnement über die grausamen Mittel und die Rohheit ihrer Zeit wegdisputiren. Die schöne Frau, das Muster einer Gattin und Regentin, welche Ungarns Untergang aufhielt und jenen der Niederlande abwendete, die Schülerin des Plato und des Evangeliums, sandte ihre Glaubensgenossen auf den Scheiterhaufen und das Blutgerüst.

Ihre grossen Thaten, ihre Wissenschaft, ihre Liebe sind durch das Blut der niederländischen Protestanten besudelt.

Karl V. kam selbst in die Niederlande, um seine Schwester als Regentin einzuführen. Im Saale des Palastes zu Brüssel wurde sie am 5. Juli 1531 vor den versammelten Generalstaaten von ihm feierlich als seine Statthalterin eingesetzt. Mit der unumschränkten Vollmacht, welche dieselbe empfing, erklärte sich das niederländische Parlament einverstanden.

Mit diesem Acte waren die blühendsten Landschaften des Habsburgischen Reiches der Leitung einer jungen Frau von 26 Jahren übergeben. Maria war sich ihrer grossen Aufgabe vollkommen bewusst. Die Augen aller Zeitgenossen waren auf sie gerichtet. Denn die Niederlande nahmen in dem damaligen Europa dieselbe Stellung ein, welche England in dem heutigen behauptet: sie übertrafen den Erdtheil in ihrer Verfassung, ihrem Wohlstand, ihrer Bildung.

IV. Die Niederlande.

Auf einem öden Sumpfe hatte sich in 15 Jahrhunderten, durch die Vereinigung zweier nationalen Elemente, welche sich in jeder Beziehung ergänzten, das freieste und glücklichste Gemeinwesen aufgebaut. Die Entwicklung desselben ist ebenso lehrreich als bewundernswerth.

Als Cäsars Legionen den batavischen Boden betraten, bewohnten denselben im Norden Germanen, im Süden Celten. In äusserer Bildung ähnlich, in ihrem Wesen beinahe entgegengesetzt, haben sie dem Norden und Süden des Landes einen widersprechenden Charakter gegeben, welcher sich durch 18 Jahrhunderte unsrer Zeitrechnung in der niederländischen Geschichte unter den verschiedensten Verhältnissen bis auf unsere Zeit verfolgen lässt, wo er die vollkommene Trennung in die Königreiche Belgien und Holland vollzogen hat.

Dort, wo die Aufstände der erregbaren Celten gegen Rom rasch auf einander folgten, tönte später die Genter Sturmglocke, war Flandern stets bereit, sich gegen seine Fürsten zu erheben. Ebenso rasch die schnell entmuthigten Celten den Helden Civilis verliessen, fielen die südlichen Provinzen von Oranien ab. Die Ausdauer des nördlichen Germanen, des Friesen, des Holländers, machte ihn zu Roms Bundesgenossen, befreite ihn von

Philipp II. Druiden und Inquisitoren schlachteten ihre Opfer auf demselben Boden. Wo die Werkstätten des Celten standen, wo er mit bronzenem Geräth den Acker baute, erhoben sich die flandrischen Fabriken, durchzog der flämische Pflug die Kornkammer der Niederlande. In den politischen und religiösen Einrichtungen, den sittlichen Verhältnissen, in dem geselligen Leben, den Kleidern und der Küche des Holländers finden wir die republikanische Einfachheit des Germanen wieder, während die Pracht und Ueppigkeit des Südens den celtischen Neigungen entsprechen. Die Flämin trug ihr Goldnetz und ihre Pelzjacke da, wo vor Jahrhunderten die Celtin Goldschmuck um Arme und Flechten schlang. Die Frauenhäuser von Gent und Brügge standen auf celtischem Boden, celtische Bachanalien lebten in christlichen Festen, im Tauwewet und der Feier des heiligen Liewin fort. Römerherrschaft, Völkerwanderung, Christenthum genügten nicht diese Gegensätze auszugleichen.

Der Nachfolger der römischen Cäsaren, Kaiser Karl der Grosse, vereinigte die Niederlande unter seinem Scepter. Die fränkischen Einrichtungen werden die Grundlage ihrer staatlichen Entwicklung. Kronbeamte verwalten die Landschaften. Der Staat Karl des Grossen zerfällt in Theile, welche selbstständige Reiche bilden. Das deutsche Reich erwirbt die römische Kaiserkrone und erobert die Niederlande.

In allen Theilen des alten fränkischen Reiches vollzieht sich jetzt derselbe Process. Die Kronbeamten an der Spitze der Landschaften — Grafen und Herzoge — errungen Selbstständigkeit und Erblichkeit. Die späteren niederländischen Provinzen bilden, unter der Oberhoheit der Kaiserkrone, ebensoviel kleine Monarchien.

Jede derselben entwickelt sich als ein Lehensstaat. Das Staatsoberhaupt ist Herr des Landes von Gottes Gnaden, er ist die Quelle des Besitzes, der Macht, des Rechts. Seine Unterthanen empfangen den Besitz als Lehen, Macht und Rechte als

Privilegien. Die Sitze der Lehensleute und der Geistlichen werden ebensoviel Festungen, das flache Land ihr Schlachtfeld, Raub und Mord ihr Handwerk. Das Volk, von dem Fürsten und seinen Lehensleuten geplündert, sucht den Schutz auf, den die Leibeigenschaft oder die festen Mauern des Adels und der Kirche gewähren. Während antike Kunst und Wissenschaft in Mönchs- und Nonnenklöstern ein Asyl finden, entwickeln sich um die Sitze der übermüthigen Vasallen die ersten freien Gemeinden. Die Anfänge des Gewerbfleisses und Handels sind auch die Anfänge ihrer Macht. Dörfer, mit hölzernen Pfählen verschanzt, verwandeln sich in Städte mit Mauern und Thoren, ihre Krämer und Handwerker in Kaufleute und Fabrikanten, welche ihre Waare, ihre Arbeit in alle Zonen versenden. Den Festen des Adels, der Kirche gegenüber, erheben sich ihre Städte als ihre Burgen. Ihre Mauern, ihre guten Waffen schützen ihren Reichthum, ihre Bildung. Im Kampfe mit der Krone und den bevorrechteten Ständen erringt der Bürger Gesetze, Rechte, Freiheit, aber nicht als Gemeingut des Volkes, aus dem er sich entwickelt hat, dessen Spitze er ist, nur als seine besondern Vorrechte. Der Bürger wird nicht als solcher frei, nur als ein Glied seiner Gemeinde, die Gemeinde als ein Lehensmann.

So nimmt der Lehensstaat die Gemeinden, deren Entwicklung ihn aufzuheben droht, in seinen Organismus auf und sichert seinen Fortbestand. Der Landesherr kann ihnen ohne Gefahr die umfassendsten Zugeständnisse machen. Der Höhepunkt bürgerlicher Freiheit, innerhalb ihrer Mauern, bleibt ausser denselben stets nur das Privilegium einer Person; das Volk bleibt leibeigen und misshandelt, während die niederländischen Städte mit den Gemeinwesen von Rom und Athen in Wettstreit treten können. Sie geben sich selbst ihre Verfassung, ihre Gesetze, sie sprechen sich selbst Recht, sie wählen ihre Beamten. Selbst Republiken, sind sie im Staate nur Kronvasallen. Die Entwicklung schreitet jedoch noch weiter vorwärts.

Der Rest altgermanischer Selbstregierung im Staate bekommt durch die Stadtgemeinden wieder Bedeutung. Wenn der Landesherr seine Lehensleute versammelt, damit sie ihm im Kriege oder in Geldnoth Hilfe leisten, muss nicht die Stimme jener Lehensleute entscheiden, welche das Vermögen und die Waffen von Hunderttausenden repräsentiren, Flotten und Heere aussenden, die Schätze aller Welttheile aufspeichern? Ihre Privilegien erweitern sich Schritt für Schritt zu Privilegien der Landschaften, deren angesehenste Vertreter sie werden. Adel und Kirche verlieren ihr Uebergewicht an den Bürger. Sie räumen den Kampfplatz, auf dem sich nur noch Fürst und Städte gegenüberstehen. Mit der Macht der Städte hat auch die Fürstenmacht ihren Höhepunkt erreicht. Die niederländischen Herzogthümer, Grafschaften und Herrschaften vereinigt nach Jahrhunderten ein Herzogshut. Philipp von Burgund erwirbt durch Erbschaft, Kauf, Gewalt die Niederlande, und schlingt um die Provinzen die Kette des goldenen Vliesses.

Der Kampf zwischen Herrscher und Städten nimmt grössere Dimensionen an. Die Herzöge von Burgund streiten für die unumschränkte Macht der Krone und die Centralisation; die Gemeinden, die Provinzen für ihre Freiheit und Selbstständigkeit.

Keine der beiden Parteien verficht die Zukunft, die Interessen der Niederlande zweckmässig. Die eine strebt nach Centralisation ohne Freiheit und Selbstregierung des Volkes, die andere nach Freiheit und Selbstregierung ohne Centralisation. Der Sieg der ersten muss die Niederlande unglücklich, der Sieg der zweiten dieselben ohnmächtig machen.

Die Ergebnisse des Streites waren dem Gedeihen der Niederlande günstig. Die Städte verloren kostbare Vorrechte, aber Vorrechte, deren Besitz die Macht kleiner Gemeinwesen auf Kosten des grossen erhöhten, alle gemeinsamen Interessen in Frage stellten, mit der Existenz des Staates und dem Wohle des Volkes unvereinbar waren. Ihr Verlust war ein Fortschritt.

Für die Zukunft konnte es dem Lande nur Segen bringen, wenn die Gemeindeversammlungen ihren Antheil an der Regierung des Landes an ein gemeinsames Parlament der Niederlande abgaben. Damals wurden ihre Privilegien jedoch zerrissen, um die Macht des Landesfürsten, nicht jene des Volkes zu vermehren. Die Centralisation der Gewalt in der Hand des Herrschers war der Beginn jener Reihe unglücklicher innerer Verwicklungen, deren Anfang das Blut der Räthe Maria's von Burgund, deren Ende der Abfall der Niederlande bezeichnet.

Unter der Regierung Philipp des Guten wurde der Verlust der Freiheitsbriefe von glücklichen Kriegen und Friedensschlüssen, von ausserordentlicher Zunahme des Verkehrs, des Betriebes, des Reichthums, der Bildung begleitet.

Unter seinem Nachfolger Karl dem Kühnen hatte die Vernichtung städtischer und provinzieller Rechte, die Unterordnung der Gemeindegerichte unter einen gemeinsamen fürstlichen Gerichtshof Niederlagen im Felde und im Cabinet, Zerrüttung der Finanzen, des Handels im Gefolge. Wenn nach diesem Fürsten die Hand eines Kindes, der Maria von Burgund, die Zügel der Regierung ergriff, mussten ihr dieselben nicht entgleiten?

Die niederländischen Städterepubliken erhoben sich noch einmal in aller Majestät vergangener Zeiten, die zerrissenen Privilegien wurden durch neue ersetzt, welche die Selbstregierung vollkommen machten, aber die Niederlande der Einheit, der Kraft beraubten.

Diese Zugeständnisse, welche den Thron Maria's befestigen sollten, brachten denselben in die grösste Gefahr.

Von dem König von Frankreich nicht minder als von ihren Unterthanen bedroht, von Freunden ebenso wie von allen Mitteln entblösst, welche die Vertheidigung ihrer Rechte in Anspruch nahm, bot sie dem Kaisersohne Maximilian ihre Hand.

Diese Verbindung mit dem Hause Oesterreich, dessen Herr-

schaft immerfort an Ausbreitung gewann, entschied das Schicksal
der Niederlande. Wenn die Verbindung der niederländischen
Provinzen unter einem Scepter den Kampf zwischen Centralisation und Selbstständigkeit eingeleitet hatte, so wurde derselbe
durch die Vereinigung der Niederlande mit so viel andern Staaten
zu einem grossen Reiche seinem Ende zugeführt. Wenn die
Communalfreiheiten, die Unzahl kleiner Verfassungen schon durch
das Aufgehen in einem niederländischen Staate, in einer gemeinsamen Regierung gefährdet wurden, mussten dieselben jetzt,
wo dieser Staat selbst zu einer Provinz herabsank, vernichtet
werden.

Während Maximilian als Schützer seiner Gemahlin, als
Vormund seines Sohnes Philipp des Schönen das Land regierte,
büssten die Stände und Städte desselben nach blutigen Bürger-
kriegen so viele Vorrechte ein, dass sie es als eine Errungen-
schaft betrachten konnten, wenn Philipp, als er den Thron
bestieg, bloss die Vorrechte, welche unter Karl dem Kühnen
bestanden, bestätigte.

Sein Erbe Karl, der Enkel Maria's, war auch der Erbe
Maximilians und der Juana. Als das deutsche Reich ihn zu
seinem Kaiser wählte, hatte er die Krone der Niederlande mit
jener Spaniens und Oesterreichs verschmolzen. Die Niederlande
hatten aufgehört selbstständig zu sein; sollten einzelne Gemeinden gegen einen Fürsten, vor dem sich Völker beugten, ihre
Unabhängigkeit behaupten? Von nun an waren sie von seinem
guten Willen abhängig.

Wenn nun Kaiser Karl V. selbst ihre Verfassung, ihre
Privilegien bestätigte, so war diese Sanction, nicht durch Waffen
abgetrotzt, nicht durch Geldbewilligungen erkauft, vielmehr von
dem freien Willen, der Einsicht, der Güte des Monarchen ertheilt,
eine um so grössere Bürgschaft für den Fortbestand derselben.

Es war Hoffnung vorhanden, dass die Regierung eines so
mächtigen, einsichtsvollen, gerechten und gütigen Herrschers die

Vortheile der Selbstregierung mit jenen der Reichseinheit, die Freiheit des Bürgers mit der Macht des Staates in Einklang bringen werde.

Unter der Regentschaft seiner Tante Margarethe von Savoyen begann die entscheidende Reform der niederländischen Verfassung.

Alle Edicte wurden als allgemeine Landesgesetze erlassen; Rechtspflege, Verwaltung, Volksvertretung in einem gemeinsamen Gerichtshofe zu Mecheln, einem Reichsrathe an der Seite der Regentin, und durch die Berufung sämmtlicher Landtage zu einem gemeinsamen Parlamente nach Brüssel concentrirt.

Die Einsetzung ihrer Nachfolgerin Maria von Ungarn im Jahre 1531 benutzte der Kaiser, um der Verfassungsreform ihren Abschluss zu geben.

Die Anordnung einer allgemeinen Sammlung und Prüfung der Gesetze, die Auflösung des Reichsrathes Margarethens, die Einsetzung von drei gemeinsamen obersten Behörden vollendete die Reichseinheit. Margarethe von Savoyen stand noch an der Spitze eines Staatenbundes; Maria von Ungarn war Regentin eines Staates.

Die Verfassung von 1531 war als ein Rechtsboden für die Fortentwicklung der Niederlande von höchstem Werthe.

Sie hatten einen gemeinsamen Herrscher, eine Behörde, ein Gesetz, ein Parlament.

Wenn Karl V. ebenso oft in Madrid und Augsburg als in Brüssel residirte, so war er doch in einer niederländischen Stadt geboren, von Niederländern erzogen, von Niederländern umgeben. Er sprach ihre Sprache, er theilte ihre Sitten und Gewohnheiten.

Im Lande liess er sich durch seine Schwester, eine Niederländerin, vertreten.

Seine Statthalter in den Provinzen, die Beamten seiner Behörden und Gerichtshöfe waren Niederländer. Sie verdankten ihr Amt ihrem Verdienste oder ihren Kenntnissen, Stand und Geburt hatten keinen Einfluss mehr.

Ihre humane und politische Bildung bürgte dafür, dass sie einen allgemeinen Standpunkt einhalten, ihre Abstammung dafür, dass sie die Nationalitäten nicht mit Füssen treten würden. Reichseinheit und nationales Leben waren durch die obersten Behörden, welche der Kaiser einsetzte, auf diese Weise gleich-mässig bewahrt.

Der Staatsrath, dessen Vorsitzende die Statthalterin war, hatte die äussern Angelegenheiten, die oberste Leitung und Ver-waltung des Landes und die höhere Sicherheit desselben; der geheime Rath die Oberaufsicht über Rechtspflege und Polizei, sowie das Gutachten in allen dem Landesfürsten vorbehaltenen Gnadensachen; der Rath der Finanzen die Verwaltung der Domänen, das Steuerwesen, die ausserordentlichen Aushilfen.

Die Verwirrung, welche in der Rechtspflege durch die Widersprüche des niederländischen Rechts, das in jeder Land-schaft, ja Gemeinde ein anderes war, des römischen und Kir-chenrechtes, welche von der Hochschule aus immer mehr Boden gewannen, entstanden war, begann sich zu klären, als der Befehl des Kaisers, das gesetzliche Herkommen überall zu sammeln und seiner Bestätigung unterzubreiten, zur Ausführung kam.

Endlich war das niederländische Parlament mit den kost-barsten Rechten versehen. Die Macht lag in seiner Hand, der Herrscher trug nur die Insignien derselben. Der Niederländer konnte, wie heute der Britte, vor allen Nationen auf den Vor-rang einer Selbstregierung Anspruch machen. Sein Parlament hiess die Generalstaaten, da sich die Provinzialstände, welche es in sich schloss, nicht mit Unrecht Staaten nannten. Die Generalstaaten gaben Gesetze. Keine Steuer, kein Zoll konnte ohne ihre Bewilligung aufgelegt, kein Mann ohne ihre Zustim-mung ausgehoben werden. Da der Herrscher von ihren Geldsäcken abhängig war, hatten sie im weiteren Sinne auch die Entscheidung über Krieg und Frieden.

Die Vertretung des Landes durch drei Stände: Geistlichkeit, Adel und Städte, erregt Bedenken, welche sich jedoch dadurch zerstreuen lassen, dass die Städte die Majorität bildeten.

Der Regent konnte alle Künste der Ueberredung und Bestechung spielen lassen, aber keinen Zwang üben. Sein Wille war Vorschlag, nicht Befehl, während die Generalstaaten denselben ablehnen, aber nicht selbst verfügen konnten.

Ihre negative Macht war jedoch grösser. Er konnte ihnen die Bestätigung ihrer Gemeindebeamten versagen, sie konnten jeden seiner Entschlüsse, seine grossen Plane, die Ernte langjähriger Unternehmungen von ihrem „Ja!" und „Nein!" abhängig machen.

Dieser Antheil des Volkes an der Entscheidung der innern und äusseren Angelegenheiten, diese Fortschritte der Reichseinheit in Verwaltung, Gesetzgebung und Rechtspflege verfehlten ebensowenig ihre Wirkung wie die Machtstellung, der Name Karls V., der Glanz seiner Siege, die Vortheile seiner Verträge. Die Niederlande stiegen jetzt rasch jener materiellen und geistigen Macht entgegen, durch welche sie im 16. und 17. Jahrhundert die Bewunderung der Welt erregten.

Die Fruchtbarkeit ihres dem Meere und den Flüssen abgerungenen Schlammbodens konnte nur mit jener des Nillandes verglichen werden. Der Zahl ihrer Heerden kam nur jene ihrer Werkstätten und Webstühle gleich. Die Bebauung des Ackers und Gartens, Pferde- und Viehzucht, Forstwirthschaft und Fischfang erreichten einen Grad der Vervollkommnung und des Erträgnisses, dass ihre Erzeugnisse wesentliche Ziffern in der Ausfuhr bildeten.

In ihrer Handelsthätigkeit hatten sie die berühmten Handelsstaaten des Mittelalters, die italienischen und deutschen Republiken, und damit Europa überflügelt. Ihre Flotten segelten nach fremden Ländern und Welttheilen, während Schiffe aller Flaggen in ihre Häfen einliefen, um die Waaren aller Zonen auf ihre Märkte zu bringen, die Erzeugnisse ihres Bodens und Fleisses nach allen Richtungen zu führen.

Die Niederlande wurden der Hafen, die Messe Europa's. Tausende spanischer, italienischer, deutscher Kaufleute liessen sich in Antwerpen nieder. Alle Nationen hatten hier ihre Lager, Souveräne ihre Factoren. Vier Welttheile setzten ihre Rohstoffe ab, um sie grösstentheils von niederländischem Fleisse und Kunst bearbeitet, wieder zurückzukaufen. Die Goldminen Peru's und Indiens, die Bergwerke Böhmens und Ungarns schienen nur thätig, um die Niederlande bezahlt zu machen. Ihre Häringstonnen und Pferde fand man auf allen Märkten von Moskau bis Neapel, Flandrische Tapeten und Brabanter Spitzen, ihr Tuch und ihre Leinwand, nahmen den ersten Rang ein. In ihren Wäldern wurden die Masten englischer und spanischer Schiffe gefällt; ihre Werkstätten verfertigten den Hausrath des Schweden wie des Spaniers, während in den Häfen von Amsterdam und Antwerpen täglich hunderte von Schiffen Alles, was die bekannte Welt Kostbares und Nützliches bot, ausluden.

Die Güte und Sicherheit der niederländischen Land- und Wasserstrassen, eine für unsere Verhältnisse beengende, damals freisinnige Handelsgesetzgebung, Verträge mit allen Mächten, unermesslicher Credit unterstützten diesen Aufschwung.

Das niederländische Leben nahm durch die Einfuhr aller Artikel des damaligen Handels von dem sibirischen Hermelin bis zu der hessischen Wolle herab, von dem Bernstein der Ostsee bis zu den Juwelen Indiens hinauf, jenen Charakter behaglicher Pracht an, in dem es noch von keinem Volke, von keiner Zeit erreicht wurde.

Der Ruhm des Wohlstandes galt dem Niederländer höher als jener der Eroberung. Seine Leidenschaften waren Baulust, Blumen- und Taubenzucht, häusliche und öffentliche

Feste. Grossartige Bauten, Gärten in denen der Same aller Zonen aufging, mit den edelsten Racen gefüllte Taubenhäuser, ein ehrbares und fröhliches Familienleben, Gemeinsinn und das immer lebendige Gefühl einer grossen Nation sind gewiss nicht unehrenvolle Denkmale derselben.

Das niederländische Leben bot ebensoviel Eigenthümliches als Gemeinsames. Norden und Süden, Flandern und Holland zeigen in Küche, Wohnung, Anzug und Gewohnheiten nicht weniger Gegensätze, als Geistlichkeit, Adel, Städte und Landmann.

Gemeinsam war ihnen die Liebe zur Freiheit, Lust an Oeffentlichkeit, Anstand, Charakterstärke und Gleichmuth. Wenn jedoch das Vergnügen des Niederländers im Norden darin bestand, besteckte Mastbäume zu erklettern, mit Schlittschuh oder Schlitten über das Eis zu gleiten, sind die Belustigungen des Südens, auf Stelzen zu gehen, seine Städte in ein Lichtmeer zu verwandeln, ein venetianisches Maskentreiben in den Strassen, bewaffnete Umzüge und Bankette der Gilden.

Der Botschafter Venedigs, welcher die Küche und die Kleider des Holländers ärmlich fand, erstaunte über die Ueppigkeit der flämischen Tafel, die Pracht der flämischen Kleidung.

Wenn der Holländer ein Mal der Woche kochte, gedörrtes Obst, Schinken und Stockfisch als Leckerbissen betrachtete, sein Gerstenbier aus hölzernen Kannen schlürfte, begnügte sich der Flanderer nur mit Lachs und Fasan, Datteln und Feigen, und trank Malvasier aus geschliffenem venetianischen Glase. Der Holländer sitzt in Barchetjacke und Filzhut vergnügt bei Karten und Geigenspiel, während der Flandrer in Genueser Sammt und Atlas gekleidet seine Bankette mit türkischer Musik begleitet. Der Holländer liest in der Bibel und im Psalmenbuche, während der Flandrer ein Kapitel in der „Historie Belgis" von Warnewyk oder im „Spiegel der Welt" von Heinsen aufschlägt. In Holland wird die erste Bibel in niederländischer Sprache gedruckt, in Antwerpen erscheint das erste Lehrbuch der Poesie: „die Konst van Rhetoriken." Im Süden blüht die hohe Schule von Löwen, die Gelehrsamkeit, die schöne Kunst, während die Erfindungen des Nordens jede Art von Handwerk und Fabrikation verbessern. Wenn in Flandern, Brabant, im Hennegau Paläste und Städte die Wohnungen des Adels sind, hat er in Holland und Seeland in zerfallenen Burgen seinen Sitz; wenn er es hier nicht verabscheut, auf der Börse und in dem Hafen zu erscheinen, Comptoir und Werkstatt zu leiten, hält er dort Blutvergiessen für die einzige nützliche Beschäftigung und vertauscht den Panzer nur mit dem Beamtentalar, das Schwert nur mit der Feder und dem weissen Stäbchen.

Die niederländischen Frauen zeigen überall Selbstständigkeit und Sittsamkeit. Sie sprechen und bewegen sich mit derselben Leichtigkeit im Geschäfte und auf der Strasse wie zu Hause. Sie gehen allein, reisen allein, sie sind überall selbst ihr bester Schutz. Wenn jedoch die Holländerin den Ruf strenger Tugend behauptet und eine gewisse Derbheit zeigt, hat die freie Sitte, die Anmuth der Flämin oft Leichtsinn und Wollust im Gefolge. Die rüstige Holländerin sehen wir in Tuchjoppe und Goldblechhaube ihren Gimpel mit Apfelkernen füttern, ihre Hyazinthen und Tulpen begiessen; die schlanke üppige Flämin in Pelzjacke und Seidenschleppe, die goldenen Locken im goldenen Netze, Papagei und Aeffchen mit westindischem Zucker bedienen.

Die Holländerin ist Kaufmann oder Handwerksmeister, Häringsfischer oder Schiffshauptmann, sie wägt die Dukaten ihres Mannes und bewahrt seine Schlüssel, disputirt mit ihm über das Evangelium Johannis und spielt, die kleine Tonpfeife zwischen den Zähnen, mit ihm Karten.

Die Flämin findet sich ebenso oft am Clavier und an der Staffelei wie im Gewölbe, sie tanzt und singt und schlägt die Laute, sie ist ein thätiges Glied des Bundes der Rhetoriker, sie vertheilt die Preise bei ihren Dichterkämpfen, sie spielt auf ihren Bühnen die Dido und Venus.

Anna Velson segelt mit den Schiffen ihres Gatten nach London, um für holländisches Tuch englisches Leder und Kaninchenfelle einzuhandeln, mit den Handlungshäusern der City Verträge abzuschliessen.

Susanna Hourembout, um an dem Hofe Heinrichs VIII. den König, seine Frauen, den Adel Englands zu malen.

Dieselben Gegensätze und Aehnlichkeiten, wie in seinen nationalen Elementen, hat der Niederländer in seinen Ständen entwickelt.

Die Geistlichkeit ist trotz ihrer Privilegien, Zehnten, ihrer Steuerfreiheit nicht ein Volk im Volke, wie die Kirche nicht ein Staat im Staate ist.

Ein Concordat Karls V. mit dem Bischofe von Lüttich schützt das Volk vor apostolischen Uebergriffen. Die Geistlichkeit ist ein lebendiges Glied des Reichskörpers; klug und thätig, sei es Luthers Tractate zu übersetzen und zu verbreiten, sei es dieselben öffentlich zu verbrennen.

Trotz den Predigten der Lutheraner und Wiedertäufer mehren sich die Besucher ihrer Wallfahrtsorte, denn dieselben sind zugleich Märkte und Vergnügungsorte. Ihre Regeln, ihre Gelübde hindern die Geistlichen nicht, die besten Kunden der verschiedenen Waarenlager zu sein. Cavalier und Patricier übertreffen sie weder in der Liebe für schönes Pelzwerk noch für Rheinwein. Die Weltpriester sind Kammerbrüder der Rhetorik, die Mönche sammeln in ihren Bibliotheken ihre Dichter, die Foliobände niederländischer Gelehrten, die Quellen der niederländischen Geschichte. Niederländische Künstler bauen ihre Kirchen, malen ihre Altarbilder, singen auf ihren Chören.

Der Adel ist die Stütze der Krone, ihr Heerführer und ihr Soldat. Er ist sich dessen bewusst; ohne den Bürger zu verachten — dessen Tochter er heirathet, dessen Credit er sucht — ist er stolz und abgeschlossen. Mit dem Bürger wetteifert er, seine Wände mit den Gemälden der ersten Meister zu schmücken; mit dem Geistlichen, seine Schränke mit Classikern und Chroniken zu füllen, mit beiden in der Pracht seines Lebens und seiner Feste. Den Gilden und Conventen derselben gegenüber, vereinigt ihn der Orden des goldenen Vliesses zu einer mächtigen Genossenschaft. Die Croi und Egmont, Bergen und Lalaing verewigt jeder Zweig der Regierung, jede Versammlung der Generalstaaten, jede Schlacht. Sie führen den Feldherrn- und Bischofsstab, erziehen ihre Fürsten und sind deren vornehmste Räthe.

Adel und Geistlichkeit bauen Abteien und Paläste in den Städten. Die Städte, bereits die Bildungsstätten, Waarenlager und Schatzkammern des Landes, werden auch die Sitze der niederländischen Gesellschaft, des Luxus, der Mode.

Das tonangebende Element bleibt der Bürger. Sein Aufwand übertrifft jenen des Prälaten, Cavaliers und Fürsten.

Die Maler zweier Jahrhunderte haben unermüdlich den Pinsel geführt, um uns doch nur ein mittelmässiges Bild dieser Pracht zu geben.

Wir sehen diese Herren von tausend Ballen, Tonnen, Masten und Kaufläden an dem Kamine und der Tafel, auf Markt und Rhede, in dem Getümmel der Versammlung und der Schlacht. Sie plündern alle Himmelsstriche, um ihre Paläste zu schmücken. Ueberall Glanz, Behagen, Ueppigkeit. Orangen und Austern, Pfauenpasteten und Forellen auf silbernen Schüsseln, Cyperwein und Porter in silbernen Krügen. An den Wänden flandrische Tapeten, die kleinen Scheiben des Fensters mit englischem Blei gelöthet. Die Platte des Tisches vom Abhange des Libanon, jene des Kamines aus einem Marmorbruche Italiens. Die prächtigen Männer- und Frauengestalten, gekleidet in Sammt von Toledo und venetianische Seide, Brüsseler Spitzen und russisches Pelzwerk, mit mexikanischem Golde, indischen Diamanten und

Perlen geschmückt. Sie verhängen ihre Fenster mit Brabanter Vorhängen, sie waschen ihre Hände mit spanischer Seife. Sie ruhen auf orientalischen Divans, ihre Füsse auf persischen Teppichen und polnischen Bärenfellen. Trotz diesem Anscheine der Festlichkeit überall Thätigkeit, Arbeit, Fleiss. Der Kaufmann steht in Marderpelz und Sammtbaret an dem Schreibpulte, seine Frau in prächtiger Pelzjacke an dem Ladentisch.

Mit der Verfeinerung der Gesellschaft, ihrer Sitten und Genüsse hielt, wie überall, auch hier die Entwickelung der Künste und Wissenschaften gleichen Schritt.

Die niederländischen Tonkünstler waren Zierden des Chors der Peterskirche und des Domes von St. Paul, von Notre dame und St. Stephan wie aller fürstlichen Kapellen.

Mit den Gemälden der niederländischen Maler wurde lange, ehe ein R u b e n s oder V a n D y k den Pinsel führen konnte, ein förmlicher Handel getrieben, ihre Landschaften und Thierstücke fand man an der Wand des Bürgers von Gent und des venetianischen Nobile. Ihren Portraitmalern sassen die Herren aller Länder, ein Heinrich VIII. und Franz I., römische Kaiser und Czaren von Moskau. Niederländische Baumeister bauten die Marmorsäle der Lagunenstadt, die Schlösser der polnischen Wojwoden, die Kuppeln katholischer und griechischer Kirchen. die Klöster spanischer Mönche und die Leuchtthürme an den norwegischen Küsten. Die niederländische Poesie war damals auf jener Stufe, wo ihre Aufgabe mit jener der Gelehrsamkeit und Moral verwechselt wird Durch den Mangel jedes höheren menschlichen Gehaltes war sie auf die Grenze ihres Landes angewiesen, aber, was wir bei keinem anderen Volke in einer solchen Periode seiner Literatur nachweisen können, schon Nationalpoesie, weil sie von einem Nationalinstitute, dem grossen Dichterbunde der Rhetoriker ausgeübt wurde, einem Institute, dem die Schulen der Meistersänger an Höhe der Anschauung und Ausbildung der Form, wie die Pegnitzschäfer und die schlesischen Gesellschaften an Volksthümlichkeit und Tragweite des Wirkens, an Ernst und Redlichkeit bei weitem nachstanden. Wer auf Bildung Anspruch machen wollte, musste einem solchen Vereine, der Kammer der Rhetoriker, die in seinem Aufenthaltsorte unter dem Namen einer Blume, eines Sternes, eines Heiligen bestand, angehören. Wie die olympischen Spiele die Blüthe Griechenlands, versammelten ihre festlichen Einzüge, ihre Preiskämpfe die Rhetoriker aller Provinzen, Cavaliere und Prälaten, die Kaufleute von Antwerpen und Amsterdam, die Schönheiten von Gent und Brüssel. Entscheidend wirkten auf die Entwicklung und Aufklärung der Nation die Bühnen des Dichterbundes, welche in grossen Städten in jeder Strasse zu finden waren. Die drastische Aufführung dramatischer Satyre und Allegorie, weder von geistlicher noch weltlicher Censur wirksam gezügelt, erklärt die rasche Verbreitung neuer politischer wie religiöser Ideen und Bestrebungen. Die Kammern der Rhetoriker ersetzten so die öffentlichen Blätter und eine volksthümliche Literatur. Ihr Humor traf den Fürsten, dessen Edict das Land missbilligte; den Beamten, der es vollzog; den Mönch, der den Scheiterhaufen der Lutheraner schürte, die Laster Einzelner, wie ganzer Stände.

Einen bei weitem geringeren Einfluss nahm die Wissenschaft auf das Volksleben. Die Behandlung derselben war wie jene einer Geheimlehre, Magie und Nekromantik. Der Kreis der Wissenden durfte nicht über jenen der Schüler erweitert werden. Das Publicum bestand aus Fachgenossen. Die Geschichte — meist nur Memoire und Chronik — musste dagegen in einem so politisch reifen, parlamentarisch gebildeten Volke einen ansehnlichen Leserkreis finden.

Die Medicin befand sich im 16. Jahrhundert allgemein im Aufschwunge. Mit Stolz nahmen die Niederländer wahr, dass sie zu demselben nicht wenig beigetragen hatten. Ihre Universität zu Löwen genoss ein Ansehen, dem nur jenes der italie-

nischen Rechtsschulen und der theologischen Facultät zu Paris
gleichkam. Fünftausend Studenten füllten ihre Hörsäle. Papst
Adrian und Erasmus von Rotterdam waren Zöglinge derselben. Sie war ein kleiner Staat; der Rector der durch einen
Senat beschränkte Monarch derselben. Ihre Facultäten, für
Theologie, römisches und kanonisches Recht, Medicin und freie
Künste, erfüllten ihre Aufgabe, indem sie Anregung zu classischen Studien und zu Forschung in allen Fächern des Wissens
gaben.

Die Bildung war in den Niederlanden allgemeiner als in
irgend einem Theile der gebildeten Welt. Die Schulen der
Städte waren vortrefflich. Arme Weber und Handwerker rede-
ten in mehreren Sprachen und waren in jeder Hinsicht besser
unterrichtet, als viele Hofcavaliere Karls V. und Franz I. Edelmann und Bürger kannten jeden Artikel ihrer Verfassung, jedes
Kapitel ihrer Geschichte. Sie hatten fremde Länder und Völker gesehen und waren bemüht, sich Kenntnisse jeder Art
zu verschaffen. Ihre Büchersammlungen wurden von Prinzen-
lehrern benützt, ihre Töchter wurden erzogen wie Fürstentöchter.

Der Buchhandel nahm denselben Aufschwung wie jener mit
Tapeten und Heringen. Die Classiker Griechenlands und Roms,
die Dichter Italiens standen in den Auslagen der Buchhändler
neben französischen Romanen und den Schriften der deutschen
Reformatoren. Die Bibel, Livius, Dante, deren Preis noch vor
Kurzem mehrere Hundert Dukaten war, kaufte der Niederländer
jetzt um ein paar Goldstücke. Ein strenges Pressgesetz in der
Art der peinlichen Halsgerichtsordnung, eine Censur, mit dem
Charakter einer literarischen Inquisition, dienten nur dazu, die
Buchhändler zu Colporteuren der Reformation zu machen.

Neue religiöse Ansichten und Lehren hatten in den Niederlanden stets rasche Verbreitung, Waldus, Savonarola, Wicleff,
Huss zahlreiche Anhänger gefunden. Erasmus von Rotterdam
war der genialste jener Humanisten, welche von der Schönheit

Griechenlands, der Grösse Roms erfüllt, die Rohheit, den Fanatismus, die Tyrannei ihrer Zeit bekämpften. Der Kampf wird
auf dem Papier und dem Katheder geführt, bis der Wittenberger
Mönch die päpstliche Bulle und das Kirchenrecht in die Flammen
wirft. Die Sätze, die er an der Kirchenthür anschlägt, werden
der Fehdebrief, den er an die grössten Mächte des Erdbodens,
den Papst und den Kaiser richtet. Europa bildet zwei Heerlager.

Die allgemeine Bewegung erfasst auch die Niederlande.
Der Drang nach Verbesserung der Kirche, der Satzungen und
Diener derselben, war überall gleich lebendig. Wenn jedoch
Luther immer mehr der Apostel des Nordens wurde, hielt der
Süden fest an der allgemeinen Kirche.

Zugleich mit den Sätzen der Evangelischen, fasste in der
gesetzlichsten und nüchternsten Landschaft des Reiches, in
Holland, unter Leinwebern und Häringsfischern, die wahn-
sinnige communistische Secte der Wiedertäufer starke Wurzeln.
Die Regierung verfolgte sie mit Feuer und Schwert. Als Tausende von Lutheranern und Wiedertäufern das Schaffot und
den Scheiterhaufen bestiegen hatten, schien ihre Zahl eher ver-
mehrt als vermindert.

Die Gefahr eines Religionskrieges war jedoch nicht die einzige, welche die Niederlande bedrohte.

Ein Land, das durch Wohlstand und Bildung alle andern
weit übertraf, von eroberungslustigen Nachbarn umgeben, nach
allen Seiten hin offen, sollte auch ein Heer und eine Flotte besitzen, welche alle andern übertrafen.

Im Gegentheil. Die Reformen, welche die Macht des Landes in allen Zweigen des Staatslebens gehoben hatten, waren
hier Schöpfer eines Uebergangszustandes, der die grössten Gefahren enthielt. Die Anstalten Kaiser Karls V. wussten diese
Gefahren zu vermindern.

Die Festungen an der Grenze waren nur geeignet, dem An-
lauf mit Mauerbrechern und Geharnischten Widerstand zu leisten.

Karl V. vervollständigte den Gürtel derselben. Sein Baumeister **Sebastian Oia** aus **Utrecht** erbaute neue und setzte die alten in Stand, auch Belagerungen mit Geschützen und Laufgräben auszuhalten.

Der nationale Heerbann, zu dem Gent allein 80,000 Mann stellte, war abgeschafft; dem Adel war es verboten, Truppen zu werben und zu besolden, während der Niederländer fremde Truppen wie der Oesterreicher einen Türkeneinfall ansah. Karl V. war der Schöpfer einer nationalen Reiterei, deren meist aus dem kleinen Adel geworbene Schwadronen, unter dem Namen Ordonnanzbanden, der Führung der ersten Cavaliere des Landes anvertraut wurden. Ihre Zahl schien jedoch nicht gross genug, um dem Lande Sicherheit zu gewähren. Sollten dreitausend Mann die Tausende von Tennen und Getreideböden, die Hunderttausende von Werkstätten und Weberladen, die Millionen von Antwerpen und Amsterdam zu schützen im Stande sein? — Sie bewiesen es, als bei St. Quentin ein einziger Angriff dieser Harnischreiter das ganze französische Heer über den Haufen warf.

Man sollte glauben, dass die Summen, welche hier gespart worden, verschwenderisch für den Schutz jener Fahrzeuge aufgewandt wurden, welche täglich mit den kostbarsten Waaren beladen, an die niederländischen Küsten schwammen, und jener Häfen, in denen sie die Waaren abluden. — Man täuscht sich. Die Kriegsflotte wurde durch die jedes Schiffsherrn von Antwerpen oder Amsterdam an Zahl wie an Bemannung und Ausrüstung übertroffen. Die Schiffe des niederländischen Admirals genügten kaum im Frieden, die Häfen, die Küsten zu bewachen. Karl V. verwandelte die gesammte Flotte der Niederlande in eine Kriegsflotte. Jede Kriegserklärung war das Signal, die Geschütze und Waffen, welche im Frieden in dem Zeughause zu Vere lagen, auf die Schiffe zu schaffen. Ostindienfahrer wurden Fregatten, Fischer und Seeleute Geschützmeister und Kriegsmatrosen.

So schützte der Kaiser seine schönsten Provinzen, sein Indien, das seine Feldzüge in Frankreich und Deutschland, in Italien und Afrika bestritt.

V. Maria von Oesterreich, Regentin der Niederlande.

Dieses Indien wurde 1531 der Leitung einer jungen Dame übergeben. Ein Staat, an dessen Grenzen der König von Frankreich, die Herzoge von Cleve, Jülich und Geldern kampfbereit standen; dessen Handel und Reichthum, Bildung und Freiheit es vor französicher Raubsucht und Despotie zu schützen galt, dessen Städte immer bereit waren, gefährliche Aufstände zu erregen, in dessen nördlichen Landschaften sich der Sectengeist gegen Kirche, Staat, Gesellschaft erhoben hatte, während sein Heer und seine Flotte in ein paar Schwadronen und Fahrzeugen bestanden; während sein Parlament jeden Dukaten, jeden Mann zu bewilligen zögerte, während die Mannigfaltigkeit seiner Rechtspflege jedes Gerichtsverfahren erschwerte.

Dieser Staat verlangte einen genialen Feldherrn, um im Augenblicke aus geld- und brodlosem Gesindel ein disciplinirtes Heer bilden, mit diesem alte, von bewährten Generalen geführte Soldaten schlagen zu können; einen nicht weniger befähigten Admiral, um Schiffe, die eben mit Wolle und Pfeffer beladen einliefen, in 24 Stunden in schwimmende Batterien, ihre Matrosen, die bisher nur mit Steuer und Segel umgingen, in Seeleute zu verwandeln, welche Enterhaken und Messer führen

S*

und sich mit ihren Schiffen verbrennen lassen. Dieser Staat
verlangte einen Staatsmann, der, zugleich Macchiavelli und
Franklin, seine Generalstaaten zu nöthigen verstand, Geld und
Mannschaft zur Vertheidigung des Landes zu schaffen, Anstalten
und Gesetze zu sanctioniren, welche den Wohlstand, die Sicherheit, Bildung des Landes erhöhten; einen Staatsmann, der jene an
der Scholle haftende Politik, jenen mit dem Staatswohl unverein-
baren Unabhängigkeitssinn der Gemeinden und Provinzen zu be-
zwingen fähig war; welcher den langsamen Gang der Rechtspflege zu beschleunigen, ja im Nothfalle selbst Justiz zu machen
wusste; welcher die Landeskirche zu schützen, die Secten unschädlich zu machen Mittel fand; einen Staatsmann, welcher
zugleich stolz war, der Genosse eines grossen Volkes, der erste
Bürger eines freien Staates zu sein; bereit war, den Drang nach
Selbstregierung zu achten und weiter zu entwickeln, die Unabhängigkeit der Gerichtshöfe zu wahren, fremden Glauben zu
achten, und den Muth besass, der religiösen Bewegung durch
seine Leitung den zerstörenden Charakter zu nehmen. Dieser
Staat verlangte endlich einen erhabenen Maecenas, einen Augustus,
welcher den Rhetorikern präsidirte, ihren Schauspielen bei-
wohnte, Anspielungen auf jenes, was der Nation heilig oder
verhasst und lächerlich war, zu beklatschen verstand; welcher
dem Baumeister bei seinen Palästen, dem Maler für seine Ga-
lerie Beschäftigung bot, dessen Kapelle die Wiege ausgezeichneter Musik war, dessen Bibliothek die Literatur des Landes
enthielt, welcher Erfindungen zu belohnen, junge Talente aufzumuntern, anerkannte anzuregen wusste und Männer, welche
durch ihre Wissenschaft oder Kunst das Leben ihrer Mitbürger
verklärt, den Ruhm der Niederlande erhöht hatten, jeder Sorge
für ihr Alter überhob.

War es von der jungen Frau, welche jetzt die Regierung
dieses Staates antrat, anzunehmen, dass sie diese Eigenschaften des Feldherrn mit jenen des Admirals, dass sie die Eigen-

schaften des Staatsmannes und des Maecenas in sich vereinigen würde? Für ihren kriegerischen Muth sprach bisher nur ihre Vorliebe für wilde Pferde, Turnier und Jagd; das Vergnügen, das in ihren Augen funkelte, wenn die Geharnischten in den Schranken aufeinander prallten, wenn sie im Sattel sass, wenn sie dem zu Tode gehetzten Hirsche den Gnadenstoss gab. Für ihr politisches Talent die Theilnahme an Staatsgeschäften, das Urtheil in öffentlichen Angelegenheiten, welche sie in den ungarischen Verhältnissen gezeigt hatte. Für ihren Geist zeugten die Briefe und Widmungen eines Erasmus und Luther, ihr Antheil an der religiösen Bewegung des Jahrhundertes, die Kenntniss der alten und neuen Literatur; für ihren Kunstsinn der Geschmack, den sie an Musik, Gemälden fand. Bisher war nur ihr grosser Charakter, ihr edles Herz ausser Zweifel, und man konnte mit Bestimmtheit erwarten, dass sie die Regierung des ihr anvertrauten Landes mit aller Weihe übernehmen, sich den Eigenthümlichkeiten desselben mit nicht geringerer Liebe als den Absichten ihres Bruders anschmiegen und die Regierung nicht als ein lästiges Mittel zu leichtfertigem Lebensgenusse, sondern ernst und wichtig ansehen werde.

Sollte Maria nicht zögern, eine solche Aufgabe zu übernehmen? Sollte sie, als sie dieselbe übernahm, nicht vor der Verantwortlichkeit, welche sie auf sich lud, zurückschrecken?

Dagegen hatte Kaiser Karl V. sich bei der Wahl einer Regentin seines Indiens gewiss nicht durch Neigung allein bestimmen lassen. Er musste im Gegentheil gewichtige Gründe für diese Wahl haben, wenn er sie gegen den Willen seiner Räthe, trotz ihrer spöttischen Bemerkungen vollzog.

Die Vorgängerin der Maria hatte sich, alt und leidend, in den letzten Jahren auf ihre Umgebung verlassen müssen. Die hierdurch erzeugten Uebelstände: Zwiespalt zwischen den Grossen des Reiches, zwischen Adel, Prälaten und Städten, eine schwache und wenig geachtete Justiz, schlecht geordnete Finanzen, Unordnungen in den Provinzen, hatte der Kaiser rasch beseitigt.

Ehe er die Niederlande verliess, sass er oft ganze Abende mit Maria beisammen und ertheilte ihr gewichtige Rathschläge, während sie, ihre Hand in der seinigen, ihm aufmerksam zuhörte. Karl V. rieth ihr vor Allem, die Autorität zu wahren, wenn es nöthig wäre, mit unerbitterlicher Strenge einzuschreiten, jeden in seine Grenzen zurückzuweisen. Ihr Gericht müsse den Mächtigen wie den Schwachen, den ersten Würdenträger wie den letzten Bauer treffen. Er hoffte, eine Hand, die Zügel und Jagdspeer so gut zu gebrauchen wisse, werde auch bald Scepter und Henkerbeil gebrauchen lernen.

Als der Kaiser die Niederlande verliess, war er über das Schicksal derselben beruhigt. Er war überzeugt, dass das junge Weib, über das seine Räthe lachten, das den Trauring des Gatten nicht lassen wollte, auch die niederländische Erde, sein Heimathland, wie der tapfere Soldat seine Fahne, nur mit dem Leben lassen werde. Er war überzeugt, dass das junge Weib, welches ein kleines, am Altare gegebenes Wort so treu zu bewahren wusste, auch die Geheimnisse seiner Staatsweisheit bewahren werde.

Maria war kaum in dem Palaste zu Brüssel eingezogen, als sie mitten in die europäischen Verwickelungen hineingezogen wurde.

Ihr Schwager, König Christian II., einerseits mächtig von dem Geiste politischer, religiöser und socialer Reformation ergriffen, andererseits tyrannisch, roh und blutgierig, hatte, nachdem er der dänischen Krone die schwedische beigesellt, durch den Wahnsinn seines Auftretens gegen Adel und Geistlichkeit, durch das Blutbad von Stockholm in kurzer Zeit beide Kronen verloren. Gustav Wasa hatte den Thron von Schweden bestiegen, das dänische Scepter war von den Reichsständen in die Hände Friedrichs von Holstein gelegt worden. Christian hatte sich in die Niederlande geflüchtet, ohne hier mehr als ein Obdach zu finden. Die offene Theilnahme für Luther entfremdete ihn noch mehr dem Herzen seines kaiserlichen Schwagers. Während dieser dahin wirkte, Johann, den Sohn des vertriebenen Königs und Isabella's von Oesterreich, auf den Thron der drei skandinavischen Reiche zu erheben, beschäftigte sich Christian selbst immerfort mit Plänen zur Wiedererlangung desselben.

Er sah sich seine Reiche wieder erobern, die Häupter der stolzen Cavaliere und Prälaten Schwedens und Dänemarks vom Blutgerüste herab vor seine Füsse rollen.

Die augenblickliche Verwirrung nach dem Tode Margarethens hatte er benützt, um in halb Europa seine Werbtische aufzuschlagen, Geschütze giessen, Schiffe bauen zu lassen. Bald standen 12,000 Mann im Norden der Niederlande unter seiner Fahne. In seinem Uebermuthe wagte er sogar, an dem Kaiser eine kleine Rache zu nehmen. Unter dem Vorwande, Karl V. schulde ihm noch einen Theil des Heirathsgutes seiner Gemahlin, plünderte er vor seiner Einschiffung in Ober-Yssel und Holland.

Bei seiner Landung in Norwegen von den Bauern mit Begeisterung empfangen, sah er sich dagegen bei seinem Einfall in Schweden bald geschlagen, gefangen, an Friedrich von Holstein ausgeliefert und auf einer einsamen Inselburg in Gesellschaft eines Zwerges und eines alten Invaliden wie ein wildes Thier hinter Eisenstäben gefangen gehalten. Seine Gattin war in den Niederlanden gestorben, welche jetzt der Aufenthalt seiner Kinder wurden. Seine Tochter Christine wurde der Liebling ihrer Tante, der Regentin. Maria theilte ihr die Liebe für Kunst und Wissenschaft, wie für körperliche Uebungen mit. Christine begleitete sie im Sattel und auf der Laute, im Forst und Atelier, las ihr vor und ordnete ihren Anzug.

Während ein Anmarsch Karls V. genügte, den stolzen Soliman zum Rückzuge zu bewegen, während er im persönlichen Verkehre durch seine diplomatische Feinheit und Hartnäckigkeit den Papst Clemens VII. zu Bologna für sich zu gewinnen wusste, sollte Maria von Ungarn, auf einmal von drohenden Verhältnissen umgeben, von Feinden umringt, durch Aufruhr und Religionskrieg gefährdet, entweder im Verzweiflungskampfe der Ohnmacht gegen die Gewalt erliegen, oder Talente für den Kanzleitisch wie für das Parlament, für die Unterhandlung wie für das Feldlager entfalten, welche genügt hätten, einem Manne den Nachruhm von Jahrhunderten zu sichern.

Der König von Frankreich war der unversöhnlichste und natürlichste Gegner des Kaisers. Wie seiner Pracht die Einfachheit, seiner Verschwendung die Sparsamkeit des Kaisers als Armuth und Geiz erschienen, so widersprach der Würde des Letzteren die Leichtfertigkeit, seinem christlichen Gemüthe die galante Moral des Königs. Die Pläne Franz' I. und Karls V. mussten beständig in Italien und den Niederlanden auf einander stossen, wie sie sich in Deutschland zuerst bei der Kaiserwahl feindlich begegnet waren.

Die Niederlande waren durch die französischen Ansprüche und Heere am meisten gefährdet. Einer Unterredung, die Franz I. gewünscht hatte, wich die Regentin aus, weil man in ihrem Staatsrathe die Besorgniss äusserte, der König, der Verträge und Frauenherzen gleich leichtsinnig brach, könnte sie gefangen nehmen.

Nicht lange darauf wurden die Provinzen, die an Frankreich stiessen, durch kriegerischen Lärm und Rüstungen jenseits der nachbarlichen Grenzpfähle aufgeschreckt. Der Landmann von Artois fürchtete für seine Saaten, der Flanderer, der Brabanter für ihre Manufacturen und Fabriken.

Eben traten holländische Wiedertäufer, Mathiessen und Johann von Leiden, in Münster als Propheten auf. Ihre Anhänger erhoben sich bewaffnet und gründeten das Reich Gottes, das sie vorher gesagt. Westphalen wurde das neue Palästina. Münster das neue Jerusalem. In dem verlassenen Bischofshofe schlug der neue König von Zion, der würdige Nachfolger Jerobeams und Achas, sein Hoflager auf. Auf dem Markte sass der Salomo der Anabaptisten zu Gerichte und sandte seine Apostel aus nach Nord und Süd, nach Ost und West. Ihr Erscheinen in Holland rief in dieser ruhigen Landschaft eine Bewegung hervor, welche von Tag zu Tag gefährlicher wurde. Der König von Zion rüstete sich, seine Heimath zu erobern.

Um die Gefahr der Lage zu vollenden, hielt die Hansa, durch die rasche Entfaltung des niederländischen Handels aufgeregt, durch Gesandte des Königs von Frankreich aufgehetzt, die niederländischen Schiffe fest und sperrte die Ostsee. Der Niederländer sollte Wachs und Theer, slavischen Honig, schwedisches Bier, Bernstein, Zobel und Hermelin von nun an aus zweiter Hand beziehen. Sein Verlust sollte noch grösser sein. Er, der bisher den ganzen Norden damit versorgt hatte, sollte seinen Hausrath, seine Weine, seine Tücher und Linnen, seine Tapeten nicht mehr durch den Sund führen.

Maria war durch diese Nachrichten betroffen, aufgeregt; aber ebensowenig übereilt in ihren Massregeln als in Schrecken gesetzt. Sie gönnte sich weder Ruhe noch Genuss, sie schlief fast nicht, sie speiste auf ihrem Zimmer mit aller Eile, ihre ganze geistige Kraft war auf die Sachlage gerichtet. Sie entschloss sich rasch und handelte noch rascher.

Sie befahl als Repressalie alle Schiffe der Hansestädte in den niederländischen Häfen anzuhalten, jedes, das sich nicht gefangen gebe, in den Grund zu bohren. Sie liess die reichen Waarenlager ihrer Kaufleute in Antwerpen und Amsterdam mit Beschlag belegen.

Jürgen Wullenweber, Bürgermeister von Lübeck, stellte die freundlichen Beziehungen wieder her. Ein vierjähriger Friede sicherte den Niederlanden wie der Hansa vollkommene Handelsfreiheit in der Ostsee wie in der Nordsee. Wullenweber beeilte sich diesen Vertrag zu schliessen, um die Regentin der Niederlande in einer Unternehmung von unendlicher Tragweite ins Einvernehmen zu ziehen. Dieses Unternehmen beabsichtigte nichts weniger, als den König Christian II. wieder auf den Thron von Schweden, Norwegen, Dänemark zu heben. Wie trafen der Republikaner und der Gewaltherrscher in ihren Vortheilen zusammen?

Wullenweber hasste den Adel und den Katholicismus, verfocht Bürgerthum und Handelsfreiheit; Christian II. kämpfte und fiel gegen die Herrschaft des Adels, der Kirche, des Monopols.

Wullenweber hoffte an der Regentin der Niederlande eine Verbündete zu finden; wenn er sich darin täuschen sollte, wollte er wenigstens an ihr keine Feindin haben. So gewaltig sie als solche auftrat, so scharf ihre Erlässe gegen die Hansa lauteten, ebenso liebenswürdig wusste Maria jetzt, mit der tändelnden Eleganz einer Dame, welche ihren Paladin auf Abenteuer sendet, den schroffen Republikaner zu seiner Unternehmung aufzumuntern.

Während, nach dem Tode Friedrichs von Holstein, Bischöfe und Adel in Dänemark über die Nachfolge stritten, nahmen die Truppen der Hansa Norwegen und drangen in Dänemark bis Kopenhagen vor.

Maria war indess nach allen Richtungen thätig. Den Bischof von Münster, welcher seine aufrührerische Stadt mit einem ansehnlichen Heere belagerte, unterstützte sie mit Geld und Kriegsbedarf, während sie selbst die blassen Männer in schwarzen Gewändern, die predigend Holland und Seeland durchzogen, von ihren Beamten ergreifen und hinrichten liess. Vor Allem rüstete sie sich energisch, den Absichten des Königs von Frankreich zu begegnen. Sie versammelte die Generalstaaten den 12. Juli 1534 zu Mecheln. Sie sprach das erste Mal in den Niederlanden öffentlich, und machte Eindruck. Lebhaft forderte sie

— 123 —

die Staaten auf, den letzten Dukaten, den letzten Mann aufzu-
wenden, um die westlichen Provinzen, die Verfassung, den
Reichthum, die Bildung der Niederlande zu schützen.

„Die Bewohner der Niederlande", rief sie, „müssen ihre Unabhängigkeit mit aller Kraft vertheidigen, denn sie haben das
Glück, jetzt unter einem Fürsten vereinigt zu sein und Freiheiten
zu geniessen, wie sie andern Völkern nicht einmal bekannt geworden sind."

Maria's Vorsicht wurde bald gerechtfertigt. Karl V. landete
den 11. Juni 1535 an der Küste von Tunis, nahm die Küsten-
feste Goletta im Sturm und zog nach einer mörderischen Schlacht
gegen Chaireddin Barbarossa als Sieger in Tunis ein.

Als Knabe hatte er seine Gespielen in Türken und Christen
getheilt und den höchsten Genuss darin gefunden, den kleinen
Sultan, der ihm entgegenstand, zu prügeln. Als Mann hegte er
den sehnlichsten Wunsch, die Ungläubigen zu schlagen. Er
hätte die Siege über seine grössten Feinde, den König von
Frankreich und den Papst, die Tage von Pavia und Rom, um
ein glückliches Vorpostengefecht gegen den Feind der Christenheit gegeben. Als er den Halbmond bei Wien und Tunis vor
sich fliehen sah, glaubte er seine Aufgabe erfüllt. Er hatte
seinen Wunsch befriedigt, die Frucht langjähriger Rüstungen
geerntet. Der Kaiser erschien als der tapfere Paladin der Christenheit. Dies verkündeten jetzt Deutsche und Welsche, Katholiken und Protestanten.

Jetzt, wo er über dem Meere in der Befreiung von Christen-
sclaven seinen Ruhm suchte, schien für seinen ritterlichen
Schwager, König Franz I. von Frankreich, der Augenblick gekommen, nicht weniger lang genährte, doch oft verunglückte
Pläne endlich mit Erfolg zu krönen.

Er verband sich mit Soliman. Während die türkischen
Galeeren die italienischen Küsten verheerten, die Landsitze römischer Edlen verbrannten und die Schönheiten Neapels auf

ihre Sclavenmärkte schleppten, rückte Franz I. in Piemont ein.
Als Gegenstück zu dem Einzuge Karls V. in Tunis, hielt er
einen des Helden von Pavia würdigen Triumphzug in der Hauptstadt eines Landes, das er in einem Feldzuge erobert hatte, in
welchem ihm kein Mann gegenüberstand, in welchem keine
Patrone verbrannt und kein Tropfen Blutes vergossen wurde.
Dann führte er die Lilien Frankreichs gegen Norden. Für ein
paar Tonnen Gold, einige Fässer Pulver und Blei war der Herzog
von Geldern sein Bundesgenosse geworden. Franz I. brach den
Frieden von Cambray und wandte sich gegen die Niederlande.
Die Lage war nicht weniger gefährlich als verwickelt. Maria
übersah sie jedoch mit einem Blicke, der eines Lord Pitt, benahm
sich mit einer Sicherheit. handelte mit einer Entschiedenheit,
die eines Friedrich des Grossen würdig gewesen wäre. Sie sah
in demselben Augenblicke ihre Pläne auf Dänemark vereitelt,
ohne dadurch entmuthigt zu werden. Wullenweber war gestürzt
worden, die aristokratische Partei der Hansa schloss einen Frieden, der den Bruder Friedrichs von Holstein, Christian III., den
vom Adel aufgestellten Bewerber, als König von Dänemark, anerkannte. Maria hatte hierauf die Ansprüche begünstigt, welche
Pfalzgraf Friedrich, unlängst mit der ältesten Tochter Christians II.
vermählt, auf die Regierung jenes Landes erhob. Er betrieb
seine Rüstungen mit den Dukaten der Königin von Ungarn, bis
der Krieg mit Frankreich das Unternehmen durchkreuzte.

Die Niederlande waren zugleich durch England, Frankreich
und Geldern bedroht. Wie sein König dem Sultan, war damals
der Hof Englands dem osmanischen am ähnlichsten. Serail-
revolutionen machten die Günstlinge steigen und fallen, aus-
wärtige Feinde von gestern heute zu den besten Freunden, mit
aller Kraft Beschützte morgen zu Angegriffenen. Mit dem Haupte
der Anna Boleyn sank der französische Einfluss in England.
Heinrich VIII. vermählte sich mit der Imperialistin Johanna
Seymour. Von hier aus war Maria gesichert. Das Schreiben,

in welchem sie König Ferdinand ihre Lage schildert, ist äusserst bezeichnend: „Der Herr von Geldern beginnt seine Hörner zu heben. Was England betrifft, hoffe ich, dass es uns nicht viel schaden wird, da wir von dem französisch gesinnten Fräulein Boleyn befreit sind. Damit die Rache durch einen Unterthanen Seiner Majestät (des Kaisers) vollzogen werde, liess Heinrich VIII. den Henker von St. Omer kommen, um sie zu richten, da daheim keiner nach seinem Geschmacke war. Der König hat bereits eine andere Dame geheirathet, die gut kaiserlich sein soll. Es ist zu erwarten, dass er, sobald er sie satt haben wird, irgend eine Ursache finden wird, sich ihrer zu entledigen. Ich glaube nicht, dass die Frauen sehr zufrieden sein würden, wenn dergleichen Sitte würde. Da ich ein Weib bin, will ich mit den andern beten, dass wir davor bewahrt bleiben mögen.“

So die Regentin Maria. Man sieht, dass sie über Franz I. ebensowenig als über den Herzog von Geldern den Humor verlor. Sie hielt jetzt nur noch Frankreich für gefährlich: denn wenn sie ihrem Bruder schrieb, der Herzog von Geldern wetze bereits seine Hörner, so sah sie ihn wirklich wie einen der Sechszehnender an, die sie so meisterhaft zu Tode zu hetzen verstand.

Obwohl sie Franz I. ebenso tief als unversöhnlich hasste, obwohl sie freudig jedes Opfer gebracht hätte, um ihn noch einmal sein Schwert einem kaiserlichen Feldherrn ausliefern zu sehen, schlug sie dennoch ihrem Bruder die Neutralität der Niederlande vor. Sie that es, weil sie die niederländischen Verhältnisse, die kleinliche Eifersucht des Adels, der Städte kannte; weil sie bereits wusste, wie schwer man von den Vertretern eines Volkes von Geschäftsleuten bedeutende Summen bekommt.

Der Kaiser schrieb von Neapel aus, wo er seine Rüstungen gegen Frankreich leitete: „er sei überzeugt, die Franzosen würden die Neutralität nicht achten Er vertraue aber auf die Va-

terlandsliebe der Bewohner. Die Regentin möge die Edelleute
zu sich bescheiden und auffordern, Alles für Alles auf das Spiel
zu setzen; den Grafen Heinrich von Nassau ernenne er zum
Heerführer."

Maria versammelte am 11. Juni 1536 zu Brüssel die Generalstaaten, welche ihr nach langen Debatten 300,000 Gulden
bewilligten. Sie konnte zwei Heere ausrüsten und in das Feld
stellen, das eine gegen Frankreich, das andere gegen Geldern.

Während der Kaiser die Provence angriff, drang der Graf
von Nassau in die Picardie ein. Beide Angriffe misslangen;
dagegen warf sich der General-Capitain von Friesland auf den
Herzog von Geldern und schlug, wie Maria es erwartet hatte,
seine Truppen auf allen Punkten und eroberte die Stadt und das
Gebiet von Gröningen. Doch neue Gefahren drohten. In Gent,
dem Mittelpunkte des flämischen Elementes, erhob sich noch
einmal der alte flandrische Geist der Unabhängigkeit und Auflehnung. Die flämischen Städte und die benachbarten Gebiete
folgten dem Beispiele Gents. Die Kassen standen leer. Maria
verlangte die Anwesenheit des Kaisers.

Karl V. entgegnete: „Beschwichtigt die Genter, aber zeich-
net die Namen der vorzüglichsten Opponenten auf. Ich weiss
die Anstrengungen zu schätzen, welche Ihr macht, um zugleich
Frankreich, dem Herzoge von Geldern und dem Könige Christian III. von Dänemark die Spitze zu bieten, aber man muss
das Unmögliche leisten."

Verzögerungen in Geldangelegenheiten machten den Kaiser
ungeduldig. Feine Vorwürfe, welche ein Schreiben seines
Kanzlers Granvella in dieser Beziehung enthielt, beleidigten
Maria so sehr, dass sie nur schwer von ihrer Abdankung ab-
gehalten wurde. Granvella erklärte, der Geldmangel, die Rück-
stände an Steuern hätten die Unzufriedenheit ihres kaiserlichen
Bruders erregt, und er habe sich in seinem Schreiben dem
Willen desselben fügen müssen; denn sobald der Kaiser etwas

beabsichtige, wolle er, dass es vollzogen werde. Karl V. selbst beeilte sich, Granvella als seinen redlichen Diener zu entschuldigen.

Die Finanzen der Niederlande waren wirklich ebensowenig geeignet die Zufriedenheit des Kaisers zu erregen, als Maria ruhen zu lassen. Alle Einnahmen waren für zwei Jahre vorausgegeben, die Staatsgüter verschuldet, ausserdem über 300,000 Gulden Zahlungsrückstände vorhanden. Indess die Kaufleute von Antwerpen, die Fabrikanten von Gent täglich ihren Geldsack füllten, enthielt die Kasse der Niederlande nicht genug, um die Truppen, welche im Felde standen, vor Hunger zu bewahren. Maria war unermüdlich. Immer wieder wusste sie den Generalstaaten jene Summen zu entlocken, welche nöthig waren um 30,000 Soldaten zu befriedigen, ein Heer das kaum genügend war, die Niederlande vor Mord und Plünderung zu retten. Die Anstalten Maria's waren nicht überflüssig. Ihre Voraussicht bewährte sich neuerdings.

Franz I. machte jetzt seine Rechte auf Flandern und Artois bei dem Pariser Parlamente geltend und klagte Karl V. der Felonie an. Das Pariser Parlament erklärte die beiden Grafschaften für heimgefallene Lehen der Krone. Ein französisches Heer besetzte Artois und zog gegen Flandern, um das Urtheil des Parlamentes zu vollziehn.

Die Regentin sammelte in Eile ihre Truppen, und ging ebenso schnell zum Angriff über. Ihr Heer warf die Franzosen aus den Städten und Schlössern, die sie erobert hatten, säuberte Artois, und belagerte Therouanne.

Jetzt gelang es ihr leicht, für die Niederlande einen zehnmonatlichen Waffenstillstand zu erlangen, den die kühne Schwester Karls V. dem Könige von Frankreich auf französischem Gebiete dictirte. Zugleich schloss dieselbe einen Frieden mit Scandinavien. Dem Kaiser schrieb sie, dass die Lebensbedingung der nördlichen Provinzen der Handel in der Ostsee sei. Der Sieg des Herzogs von Holstein Christian III. war unzweitelhaft. Sie gab zu rechter Zeit ihre Absichten auf Dänemark auf, und schloss mit ihm einen Vertrag, der den Niederländern ihre Handelsvortheile zurückgab.

Der Friede, welchen der König von Frankreich und der Kaiser zu Nizza am 18. Juni 1538 schlossen, befreite die Regentin endlich von der letzten Sorge. Den Niederlanden war nach jahrelangem Kampfe der Friede zurückgegeben. Der Jubel von Millionen begrüsste die Verkündung desselben.

Die Königin von Ungarn hatte die Lage der Niederlande vollkommen richtig erfasst, als sie die Neutralität derselben anstrebte. Sie fühlte, dass diese reichen und schönen Provinzen im Dienste der Politik Karls V. verarmen und zu Grunde gehen mussten. Wenn der Kaiser auch seine Kasse immer wieder mit niederländischen Dukaten füllte, sollten die Niederlande mindestens der Theilnahme an seinen Kriegen überhoben sein. Wenn sie ein Heer aufstellten, sollte es zu ihrem Schutze geschehen, nicht um die Angriffspläne ihres Bruders zu unterstützen. Ihre Verhältnisse zu Frankreich durften nicht durch jene des Kaisers zu diesem Staate bestimmt werden. Um diese Beziehungen vielmehr freundlich zu gestalten, nahm Maria von Ungarn, ohne sich durch die Besorgnisse ihrer Umgebung irre machen zu lassen, eine Unterredung an, um die der König von Frankreich sie bat. War der Erfolg derselben kein hochpolitischer, so war er für die Niederlande jedenfalls günstig. Der König schien bereit die Galanterien, die er der reizenden Regentin erwies, auch auf ihre Provinzen auszudehnen. Diese Unterredung war die Schlussscene des kriegerischen Schauspiels der letzten Jahre, in welchem die Königin eine so hervorragende Rolle gespielt hatte. Sie kehrte jetzt mit der Friedenspalme fröhlich in die Niederlande zurück. Auf diese Weise hatte sich Maria aus den verwickelten Verhältnissen, welche sie und das ihrer Obhut anvertraute Reich vielfach bedrohten, glücklich herausgearbeitet. Sie war in dieser Zeit unermüdlich,

die Generalstaaten zu versammeln, sie durch ihre Ueberredungs-
gabe zu immer neuen Geldbewilligungen zu bestimmen, und dadurch in die Lage gesetzt in der fürchterlichsten Geldverlegen-
heit ein Heer zu besolden, das ihre Provinzen vertheidigte, das
ihre Feinde schlug und bis in ihr Land verfolgte.

Stolz, unerschrocken, kriegerisch, war Maria berufen die
Absichten Frankreichs immerfort zu vereiteln. In den französischen Pamphleten erschien sie als die böse Hexe, welche auf
einem Wehrwolf reitet und die armen Kinder Frankreichs in
ihre Höhle lockt, um ihr Blut zu trinken, während ihr Palast,
mit den Meisterwerken der Niederlande geschmückt, einen der
geistreichsten Kreise jener Zeit versammelte. Sie war eine
Amazone, welche die Tugenden der Frau mit denen des Mannes
vereinigte. Ihre Fehler waren gross wie ihre Vorzüge, aber
sie konnten dieselben nicht verdunkeln.

Unbeugsamkeit des Willens, Unzugänglichkeit für Flehen
wie für Drohungen, eine Strenge des Gemüths, welche in ihrer
Unerbittlichkeit den Eindruck der Grausamkeit machte, sind
Nachtseiten eines Charakters, welche sogar Bewunderung erregen können, wenn sie wie bei dieser Frau mit Hoheit des Geistes, grosser Erfahrung, edlen Grundsätzen und starker Gerech-
tigkeitsliebe verbunden sind. Beeinträchtigt wird ihre Erscheinung vorzüglich durch jene beschränkte Weltansicht, jenen Fa-
miliengegoismus, welcher ein gemeinsamer Zug der Fürstenge-
schlechter jener Zeit war. Das Leben Maria's war von dem
Augenblicke an, wo sie die Regierung der Niederlande übernommen hatte, eine unausgesetzte Thätigkeit. Arbeiten, Anstrengungen jeder Art waren ihr Bedürfniss. Die Sorgen, Mühen,
Gefahren der Regentschaft genügten kaum, diesen regen, uner-
müdlichen Geist zu beschäftigen. Ihre gewaltige Natur schien
keiner Erholung zu bedürfen. Essen, Trinken, Schlafen nahmen
die kürzeste Zeit ihres Daseins in Anspruch. Nicht dass sie
dasselbe ihrer Familie, ihrem Lande geopfert hätte. Herrschaft

9

war ihr Beruf. Nicht den Hermelin tragen, nicht die Kniee vor
sich beugen sehen; regieren, — alle Fäden in Händen halten
und Beamte, Botschafter, Feldherren wie Puppen damit lenken
— war für sie leben.

Sie herrschte. —

Sie leitete die Verwaltung des ihr anvertrauten Landes wie
die Angelegenheiten seines Heeres und seine Beziehungen zu
fremden Mächten.

Wenn sie von Politik und Krieg sprach, erschien sie vielen
wie ein Mann.

Zu Pferde, wie ein Feldherr, hielt sie Heerschau über die
Truppen, sie erschien in den Festungen, um sich von dem Zustande der Befestigungswerke, der Vorräthe, der Besatzung zu
überzeugen. Den geschmeidigen Botschafter Franz' I. empfing
sie mit derselben Alles unterwerfenden Würde, wie den rohen
Sendling des Herzogs von Geldern, und behandelte beide mit
derselben Ueberlegenheit wie den stolzen einfachen Republikaner, welcher in dem Namen der Hansa vor ihr erschien. Auf
ihrem Tische sammelten sich die Acten aller Behörden. Sie
las und erledigte alle Berichte, Entscheidungen, Urtheile, Bittschriften selbst. Selten entschied sie Etwas auf dem Papiere
allein; sie liess ihr Pferd satteln und überzeugte sich selbst
von dem Sachverhalt. In jeder Angelegenheit berieth sie sich,
hörte verschiedene Meinungen und prüfte dieselben, hatte sie
jedoch ein Actenstück unterschrieben, dann waren Fürwort,
Bitten, Vorstellungen, Drohungen gleich fruchtlos.

Sie überliess die Provinzen nicht ihren Statthaltern und
Beamten. Dieses Jahr erschien sie in Flandern und Namur,
das nächste in Artois, übers Jahr war sie in Luxemburg,
Holland, Seeland und Ober-Yssel. Ihr Erscheinen war immer
plötzlich, unerwartet. Ihr Blick entdeckte jede Schuld, ihr Arm
erreichte jeden, den sie schuldig fand. Sie besichtigte Festungen
und Handelsplätze, sah die Acten der Gerichtshöfe mit demselben

Interesse, wie Verschanzungen und Waarenlager. Jedermann fand bei ihr Gehör und Verständniss. Den Mönch, dessen Klosterbibliothek sie durchstöberte, setzte sie durch ihre Kenntnisse, Ansichten und Fragen in nicht geringeres Erstaunen, als den Schiffsherrn, dessen Fahrzeug sie besuchte. Ihre Residenzen waren Brüssel und Mecheln, deren prächtige Paläste der Regentin Gelegenheit boten, die Blüthe der Gesellschaft, die grossen Namen, die Talente und die Schönheiten der Niederlande um sich zu versammeln. Der Sitz der Witwe Ludwigs II. war jedoch niemals der Schauplatz jener lärmenden Feste, welche den Glanz des kaiserlichen oder des französischen Hofes erhöhten. Wenn Maria ihren Kanzleitisch verliess, geschah es, um sich mit Studium und Kunst oder der Erziehung ihrer Nichten Christine von Dänemark und Margarethe von Parma zu beschäftigen. Ihre Kleider, ihre Tafel, ihre Gewohnheiten waren die einer Witwe.

Die Stellvertreterin eines absoluten Herrschers, in einem Lande, dessen Männer schön und gebildet waren, zeigte sie keine jener Schwächen, welche Selbstherrscherinnen in der Erinnerung der Menschen brandmarken. Sie besass die Majestät und das Genie einer Katharina II. ohne ihre Laster. Sie war rein wie Maria Theresia. Für Karl von Lalaing, Grafen von Hoogstraten, zeigte sie eine grosse Vorliebe. Dieselbe beschränkte sich jedoch darauf, dass sie seine begeisterte Verehrung mit Achtung erwiederte, die der Tapfere verdiente, und seinen Umgang, sein Gespräch dem Anderer vorzog.

Sie hatte nur eine Leidenschaft, die Jagd. Wenn die Staatsgeschäfte sie einen Augenblick zu Athem kommen liessen, verliess sie den Palast zu Brüssel im Sattel, allen voran, den Falken auf der Hand, bei dem Klange der Hörner von Jägern und Hunden gefolgt.

Nie sah man sie in besserer Laune, als wenn sie auf die Hetzjagd ritt. Unermüdlich durchstreifte sie die Wälder der Domänen, wie jene der Edelleute und Abteien nach Hochwild,

und fand Gelegenheit, ihre Unerschrockenheit dem Geweihe des
Hirsches, den Hauern des Ebers, wie den Tatzen des Bären
gegenüber zu beweisen.

Entzückt hielten die Cavaliere zu Rosse um die schöne
Frau, wenn sie mit einem Satze vom Pferde gesprungen war
und, während die Hörner der Jäger das Halali anstimmten, noch
glühend vom wilden Ritte den Aermel aufstreifte und dem Hirsche
kunstgerecht den Gnadenstoss gab.

Trotz ihrer glänzenden Eigenschaften und Leistungen wurde
Maria von dem Volke, das sie regierte, nicht geliebt. Obwohl
sie ihre Absichten auf die skandinavische Krone, ihren Hass
gegen Franz I. den Interessen der Niederlande unterordnete,
obwohl sie allein die Neutralität der Niederlande verfocht, durch
ihre unermüdliche Thätigkeit, durch ihr Erscheinen und Auftreten in den Provinzen veraltete Uebelstände, wie Missbräuche
der Beamten rasch entfernte, durch die Bravour und Grazie, die
sie als Jägerin und Reiterin zeigte, oft genug Bewunderung
erregte.

Die Abneigung dieses Volkes von Geschäftsleuten wird
jedoch begreiflich, wenn man die Summe der Steuern und Geld-
hilfen zieht, die dasselbe unter der Regentschaft der Königin-
Witwe von Ungarn zahlen musste; nicht allein um seine Grenzen
zu vertheidigen, seine Festungen in Vertheidigungsstand und
seine Truppen stets marschfertig zu halten, vielmehr um die
Feldzüge Karls V. zu bestreiten, seine Landsknechte zu besolden und das Pulver zu bezahlen, das an der Küste von Afrika
verbrannt wurde.

Die wachsende Abneigung der Niederländer blieb der Regentin nicht unbekannt. Dieselbe machte ihr im Verlaufe den
Aufenthalt unter ihnen verhasst. Das Urtheil der niederländischen Geldsäcke stand jedoch isolirt. Europa betrachtete
Maria mit Bewunderung. Sie war der geschickteste Agent

ihres Hauses, dessen geistiges Haupt, dessen Schiedsrichter sie wurde. Wie ihre Verwandten, suchten fremde Fürsten ihr Fürwort, ihren Rath. Sie gehörte zu den Wenigen, mit denen Karl V. die ganze Zeit seiner Regierung unausgesetzt Briefe wechselte. Als die Republik Venedig von ihrem Gesandten ein Urtheil über diese merkwürdige Frau verlangte, erwiederte er: „Ihr Geist, ihr Herz sind zu der Regierung eines weit grösseren Staates berufen. Sie beweist, wie weit die Energie des Körpers, Muth und Genie bei einer Frau gehen können." So der Venetianer. Die Niederländer erkannten grollend ihre Ueberlegenheit an. Die Unzufriedenheit mit der Regentin steigerte sich in dem nächsten Jahre in Gent, der Hauptstadt von Flandern, zu einem förmlichen Aufstande.

Es war die letzte Zuckung eines Volkes, das einen Staat im Staate bilden wollte mit eigenem Parlamente und Gesetz; eines Volkes, das nicht im Stande war, seine natürliche Nationalität zu einer politischen, seine landschaftlichen Interessen zu jenen eines grossen Staates zu erweitern; dem die Regierung Angesichts eines mächtigen und treulosen Feindes Zugeständnisse machte, für welche die Unterzeichnung der Friedensacte das Todesurtheil werden musste.

Als die Franzosen im Jahre 1537 Artois verheerten, versammelte Maria die Generalstaaten zu Brüssel, und verlangte eine Aushilfe von 1,200,000 Gulden, um 30,000 Mann durch 6 Monate zu bezahlen. Alle Staaten bewilligten dieselbe sogleich, bis auf die Vertreter von Flandern, die sogenannten vier Leden, d. i. Glieder, welche erst zu Hause Bericht erstatten wollten. Dann bewilligten drei Glieder, Ypern, Brügge und das Land der Freien, die Steuer. In Gent, dem vierten Gliede, verweigerten die Bürger dieselbe vollkommen. Die Zünfte und Weber machten den Antrag des Landesaufgebots unter dem grossen Banner von Gent.

Die Regentin erklärte hierauf die Geldhilfe für Flandern

durch die Mehrheit von drei Gliedern gegen eins, wie durch drei Stimmen gegen eine für bewilligt, und leitete gegen die Dörfer und Städte im Genter Quartier, welche, durch ihre Hauptstadt aufgeregt, nicht zahlen wollten, die Execution ein. Die Genter protestirten gegen dieses Verfahren auf Grundlage eines Privilegiums der Maria von Burgund, wonach die sich weigernde Minorität niemals zur Zahlung einer Steuer verpflichtet sein sollte. Dieses Privilegium war mit den andern Freiheitsbriefen Maria's von Burgund zerrissen und von Philipp dem Schönen nicht bestätigt worden.

Maria von Ungarn nahm einen Befehl nicht so leicht zurück, am wenigsten wenn demselben ein Document ohne Rechtsgültigkeit entgegengehalten wurde. Als so durch ihre Protestation die Executionsmassregeln nicht aufgehoben wurden, versuchten die Genter, die übrigen Glieder Flanderns aufzuregen. Die Regentin wandte sich jedoch ebenfalls an dieselben, erklärte, das Privilegium der Maria von Burgund sei schon im Jahre 1485 aufgehoben worden, und dass der Staat zu Grunde gehen müsste, wenn jeder Einzelne sich dem Beschlusse der Mehrheit nach Willkür entziehen könnte.

Als die Bittschriften, die Proteste der Genter zurückgewiesen, ihre Deputationen ohne günstigern Bescheid zurückgekehrt waren, und sogar die Appellation, welche sie gegen das Verfahren der Regentin einreichten, vom Gerichtshofe zu Mecheln für nichtig erklärt worden war, die Hussiers dagegen fortfuhren, die Steuer einzutreiben, Einzelne, die sich widersetzten, in die Staatsgefängnisse zu schleppen, ergriff die Genter eine Aufregung, die bei ihnen jederzeit das Anzeichen offener Empörung gewesen war.

Die Sache wurde um Nichts besser, als der Kaiser, vor dessen Richterstuhl die Regentin und die Stadt Gent wie zwei Parteien erschienen, für seine Schwester entschied.

Bei der nächsten Gemeindeversammlung, die im Juli 1539

stattfand, begann der Aufruhr. Die Zünfte und Weber verlangten Drucklegung ihrer Privilegien und Beschützung der Landleute gegen die Beamten der Regentin. Neuerdings verlangte eine Deputation die Einstellung der Steuerexecution, neuerdings gab Maria eine abschlägige Antwort.

Als am 15. August ein neuer Magistrat gewählt war, und die Zünfte ihre Dekens (Decanen, Zunftvorstände) wählen sollten, verlangten sie die Wahl, anstatt nach den bestehenden Gesetzen, nach längst zerrissenen Privilegien vornehmen zu dürfen. Sie rotteten sich bewaffnet in ihren Zunfthäusern zusammen, Volksmassen umlagerten das Rathhaus, und verlangten stürmisch die Verhaftung der Schöppen von 1536. Ohne die Gründe Maria's : die Ungültigkeit des Privilegiums der Maria von Burgund, die Entscheidung durch Stimmenmehrheit zu berücksichtigen, glaubten sie das Auftreten der Regentin nur dadurch erklären zu können, dass die Genter Vertreter zu Brüssel, gegen den Beschluss ihrer Gemeinde, die Geldhilfe heimlich bewilligt hatten. Diese Unglücklichen wurden endlich gefangen genommen, bewaffnete Handwerker besetzten die Stadtthore, stellten Posten auf die Kreuzwege und Wachen vor die Gefängnisse. Es entstanden Parteien, die sich auf den Strassen, in den Zunfthäusern und Gemeindeversammlungen bekämpften. Die wüthendste war jene der Creeser (Schreier). Sie bestand aus dem Proletariate und denjenigen Führern des Aufstandes, welche das Gent Philipps von Artevelde anstrebten. Sie waren die Jacobiner Gents. Die Beschlüsse der Gemeinde, welche den Aufruhr vollendeten, waren ihr Werk. Von Brügge und Gavre sollte das Geschütz geholt und die Stadt in Vertheidigungsstand gesetzt werden. Die flandrischen Städte wurden aufgefordert sich anzuschliessen. Oudenarde und Kortryk gaben der Aufforderung Gehör.

Die Regentin, welche eben in Mecheln weilte, wünschte die Besatzung des Schlosses von Oudenarde zu verstärken. Ihrem Liebling, dem ritterlichen Karl von Lalaing, war ihr

Wunsch Befehl. Er warb schnell eine Anzahl Leute und ritt mit seinem Bruder Philipp nach Oudenarde.

Am 6. October, 9 Uhr Abends, bekam Maria die Nachricht, Oudenarde sei aufgestanden, Lalaing im Schlosse belagert. Die Königin versammelte in aller Eile ihre Räthe und die Cavaliere. Sie wiederholte die Botschaft, welche sie eben empfangen hatte. „Ich bin ausser mir", rief sie, „ich habe im Augenblicke keine Macht, und will jene nicht verlassen, welche sich in das Schloss begaben, um mir zu dienen. Ich hoffe, dass, wenn jeder seine Schuldigkeit thut, wir die Oberhand gewinnen werden. Ich bin bereit mein Geschirr hinzugeben, um das Nothwendigste herbeizuschaffen." Die Herren versprachen ihre kräftigste Unterstützung, Reiter und Fussvolk.

Maria befahl ihnen, den nächsten Morgen um 6 Uhr wieder bei ihr zu erscheinen. Während der Nacht wolle sie zu Papier bringen, was ihr nöthig scheine, um dem Herrn von Lalaing Hilfe zu bringen. Maria brachte die Nacht in der grössten Aufregung zu. Sie sah bereits die Creeser das schöne Haupt des einzigen Mannes, für den sie, ausser ihrem Gatten, eine Neigung empfand, auf den blutigen Spiess pflanzen. Selbst wollte sie zu Pferde steigen, um ihm Rettung zu bringen, auf die Gefahr hin, den Verdacht zu bestätigen, Lalaing sei ihr Günstling, ihr Geliebter. Die Rücksicht, welche sie ihrer Ehre, der Ehre der Frau, der Fürstin, der Regentin schuldig war, siegte zuletzt.

Den nächsten Morgen kam athemlos ein Diener Lalaings. Die Brüder seien verloren, wenn nicht bald Hilfe komme, das Schloss sei gegen Geschütz nicht haltbar. Maria sandte sogleich ihren Geheimschreiber nach Oudenarde, um die Bevölkerung zu beruhigen, Boten nach allen Richtungen um Truppen. Ihr Obersthofmeister musste ihre Leute bewaffnen, um sie gegen Oudenarde zu führen.

Ihre Angst hatte den höchsten Grad erreicht, als sie einen Brief Karls von Lalaing erhielt, welcher sie vollkommen beruhigte.

„Mein Bruder Philipp, schrieb er, hat mit den Zünften verhandelt. Er hat ihre Gunst gewonnen. Wenn sie Wind bekommen, dass man Fussvolk sammelt, würde Alles rückgängig gemacht. Wir haben auf unsere Ehre versichert, dass Niemand kommen wird. Wir beschwören Eure Majestät, uns ihnen gegenüber nicht wortbrüchig erscheinen zu lassen."

Maria beeilte sich die Truppen zu entlassen. Dabei hatte der Zustand ihrer Kasse wenigstens ebensoviel Einfluss, wie der Wunsch Karl Lalaings.

Zu derselben Zeit zwang in Gent das Volk, von den Creesern aufgeregt, den Magistrat, die verhafteten Schöppen auf der Folter zu verhören. Der Verhassteste unter denselben, Lievin Pin, ein Greis von 75 Jahren, wurde grausam gequält. Der Henker verrenkte seine Glieder, seine Knochen waren zermalmt, von den Marterwerkzeugen floss sein Blut, aber der alte Mann sagte Nichts aus, was seine Schuld bewiesen hätte. Er sprach unter den grössten Qualen nicht anders, als in dem einfachen Verhöre. Er liess sich Angesichts einer tobenden Menge lieber zerfleischen, als dass er auf seine Collegen den mindesten Verdacht gelenkt hätte. Nachdem neue Verhöre, eine zweite Folterung nicht im Stande waren, die moralische Kraft des Greises zu brechen, welcher in Folge der Qualen nicht mehr aufrecht stehen konnte, wurde er von den Schöppen zum Tode verurtheilt. Er musste in einer Sänfte auf das Blutgerüst gebracht werden, da ihm seine Füsse den Dienst versagten, benahm sich jedoch trotzdem muthig und stark, indem er mit Würde seine Unschuld betheuerte und dem Volke vergab, das schaulustig und frohlockend das Blutgerüst umstand.

Von dem Blute Lievin Pins berauscht, zerrissen die Genter die Pergamentacte Karls V. vom Jahre 1515, welche sie spottweise „Kalbfell" nannten. Die Creeser steckten Stücke derselben höhnend auf ihre Mützen. Sie glaubten damit alle Privilegien, deren Aufhebung diese Acte bestätigt hatte, wieder erlangt zu haben, sie beherrschten jetzt alle Zünfte, die Schöppen, die Stadt. Die kaiserlichen Beamten flohen in Verkleidungen. Maria hatte weder Geld noch Truppen, um den Aufstand zu ersticken. Nur mit einem Heere durfte sie es wagen gegen die Stadt Gent zu ziehen, die mehr Geschütze besass als Karl V., deren Bürgerwehren hingereicht hätten, Franz I. mit Krieg zu überziehen. Ein siegreiches Gefecht der Genter konnte ganz Flandern zu den Waffen rufen. Für diesen Fall war die Furcht vor den Lutheranern und vor einer Diversion Frankreichs gewiss nicht ungegründet, und so begann die Regentin zu unterhandeln Sie sandte Bevollmächtigte nach Gent; die Genter drohten aber, diese gefangen zu nehmen, und zwangen auf diese Weise Maria, einen Magistrat zu bestätigen, den sie aus den Führern des Aufstandes gewählt hatten. Erst nachdem sie die entsprechende Vollmacht gesandt, konnten ihre Sendboten Gent verlassen. Der Kaiser war durch die Briefe der Regentin in Stand gesetzt, den Gang der Ereignisse zu verfolgen. Jetzt fand er es nöthig den Grafen von Roeux, Generalcapitän von Flandern, in die aufständische Stadt zu schicken. Roeux' Erscheinung auf dem Rathhause genügte, um den Muth der Bürger zu heben, seine Vorstellungen machten einen nicht geringeren Eindruck auf die Zünfte und Weber. Diese verlangten von ihm, er möchte sich an die Spitze der Gemeinde stellen, und mit ihnen bis zu der Ankunft des Kaisers, die er angekündigt hatte, ausharren.

Die Creeser sahen sich durch den Umschwung, den Roeux in der Stimmung der Mehrzahl der Bewohner verursacht hatte, mehr bedroht, als durch die Massregeln und die Truppen der Regentin; sie beschlossen am 4. November die Raub- und Mordlust des Pöbels zu entfesseln; die Häuser der Bürger, die Klöster und Kirchen zu stürmen, den Grafen Roeux gefangen zu nehmen, das Rathhaus zu besetzen, und sich so vollständig der Stadt zu bemächtigen. Ihre Verschwörung wurde entdeckt.

Die Anwesenheit des Generalcapitäns gab den Bürgern und Geistlichen den Muth sich zu bewaffnen, mehrere Zünfte schlossen sich ihnen an. Sie pflanzten Geschütze auf und nahmen eine Stellung ein, welche die Creeser nicht anzugreifen wagten. Die Uebermacht der Genter Jacobiner war gebrochen. Seit diesem Tage wurden die Beschlüsse der Gemeinde gemässigter, und die Ruhe, auch nachdem Rocux die Stadt verlassen hatte, nicht mehr gestört. Indess entschloss sich Kaiser Karl V., vorzüglich durch den Verdacht aufgeregt, dass die Genter, wenn auch vergeblich, sich mit dem König von Frankreich in Verbindung gesetzt hatten, selbst in die Niederlande zu eilen. Da keine Zeit zu verlieren war, entschied er sich, nachdem er die umfassendsten Zusicherungen empfangen, nachdem ihm Franz I. seine beiden Söhne als Geiseln angetragen hatte, über Frankreich zu gehen. Hier wurde er auf eine Weise bewillkommt und gefeiert, dass seine Reise das Ansehen eines Triumphzuges bekam. Es schien, er besuche seinen besten Freund. Trotz diesem Anschein eines herzlichen Verhältnisses von Schwager zu Schwager, wusste der Kaiser doch geschickt sogar jedem Gespräche über politische Verhandlungen auszuweichen. Mit einer Bangigkeit, welche durch den Bruch von Friedensschlüssen, Verträgen, gegebenem Wort von Seite Franz' I. gerechtfertigt war, erwartete Maria die Nachrichten aus Frankreich; erst als ihr Bruder den niederländischen Boden betrat, athmete sie auf.

Einer Deputation der Genter, welche ihm entgegenkam, kündete der Kaiser an, er werde die Stadt auf eine Weise strafen, dass man daran denken solle. Er hielt sein Wort. Nachdem er sich mit seiner Schwester in Einvernehmen gesetzt, zog er, sie an der Seite, mit einem glänzenden Gefolge, den Ordonnanzbanden und einem Regimente deutscher Landsknechte, den 14. Februar 1510 in Gent ein. Die Genter hatten ihm die Thore geöffnet, obwohl die Creeser die Gemeinde zum

Vernichtungskampfe aufgefordert hatten. Das Gericht des Kaisers hätte nicht strenger sein können, wenn er an der Spitze seiner Regimenter durch eine Bresche über Trümmer und Leichen eingezogen wäre.

Es war zu spät, als die Vertreter der Gemeinde sich jetzt vor Maria von Ungarn auf die Kniee warfen und um Gnade flehten. Durch die „Concessio Carolina" wurde die alte Verfassung von Gent, der Stolz so vieler Generationen, der Gegenstand allgemeiner Bewunderung, vernichtet. Die freieste niederländische Stadt sank zu der letzten dieser berühmten Communen herab; ihre Privilegien wurden zerrissen, sie verlor ihre Archive, ihre Banner, den grossen Roland, die Reliquien ihrer Freiheit und ihrer Geschichte. Eine Citadelle, im Mittelpunkte der Stadt erbaut, sollte dieselbe beherrschen und dieses Urtheil aufrecht erhalten. Vorher waren die Führer des Aufstandes auf derselben Stelle hingerichtet worden, wo das Blut Lievin Pins geflossen war.

Wie zum Hohne mussten noch ihre Schöppen und Dekens, Geschworene und Abgeordnete der Weber, den Strick um den Hals, mit entblössten Häuptern, fünfzig Creeser im Armensünderhemde mit blossen Füssen, vor einer unzählbaren Menge aus allen niederländischen Provinzen, vor Zuschauern aus fast sämmtlichen Staaten Europa's, knieend den Kaiser und die Regentin, welche von Hellebarden umgeben auf ihren fürstlichen Sitzen thronten, um Verzeihung bitten und demüthig für die Gnade danken, mit der sie die Stadt behandelt hatten.

Maria hatte auf jener Vollmacht, welche sie, um ihre Gesandten zu retten, den Gentern ertheilen musste, mit eisiger Ruhe ihrer Unterschrift die Worte: „durch Gewalt genöthigt", beigefügt. Ihr Blut empörte sich dagegen, ihr stolzes Herz bäumte sich; aber die kühne Amazone bezwang es wie eines jener Vollblutpferde, die sie mit Sporn und Peitsche zu bewältigen verstand.

Als jetzt die Genter, die Augen voll Thränen über die Schmach, welche sie Angesichts Europa's erdulden mussten, zu ihren Füssen lagen, war dieses Herz befriedigt.

Nachdem der Kaiser die Genter gestraft, erschien er mit Maria vor den Generalstaaten zu Brüssel.

Die Vernichtung der Freiheit Gents hatte sämmtliche niederländische Provinzen derart aufgeregt, dass Karl V. es für nöthig fand, die Vertreter derselben über das Schicksal ihrer Verfassung zu beruhigen. Seine Schwester nannte er sein zweites Ich, und übergab ihr noch einmal Angesichts der Generalstaaten alle Gewalt des Landesfürsten.

Die Niederlande genossen nicht lange den Frieden. Der verunglückte Zug Karls V. nach Algier war für Franz I. Anlass genug, das vierte Mal gegen ihn in das Feld zu ziehen.

Diesmal war der Hauptangriff der Franzosen auf die Niederlande gerichtet.

Die Lage wurde noch drohender als 1536, aber die Gefahren hatten damals auch die Talente Maria's entfaltet: sie zeigte sich jetzt noch ersteren Verwickelungen gewachsen.

Als der Krieg erklärt war, standen die Niederlande dem Angriffe offen; wenige Wochen darnach waren sie gerüstet, einem noch mächtigeren Feinde die Spitze zu bieten. Die Fähigkeiten, die Umsicht ihrer Regentin hatten sie gerettet. Maria berief die Generalstaaten. Mit den Summen, welche diese bewilligten, stellte sie 30,000 Mann zu Fuss und 5000 Reiter in das Feld. Sie eilte von Antwerpen nach Gent, von da nach Bergen, Namur, an alle bedrohten Punkte. Sie war bald hier, bald dort.

Im Jahre 1542 drangen drei feindliche Heere zugleich in die Niederlande.

Der zweite Sohn Franz' I., Herzog von Orleans, rückte in das Hennegau und Luxemburg ein. Der Herzog von Vendôme griff Artois an. Derselbe sollte nach Flandern vorrücken und dort sich mit dem Marschall von Geldern vereinigen, der mit seinem Heere, in Verbindung mit Genter Flüchtlingen und den Resten der Creeser, Antwerpen und Gent durch Ueberfall zu nehmen hoffte. Christian III. von Dänemark sollte gleichzeitig in Holland landen.

Maria war bereit, sie Alle zu empfangen. Der Herzog von Orleans wurde von ihren Truppen rasch zurückgedrängt, während Vendôme in Artois einen solchen Widerstand fand, dass er nicht nach Flandern vorzurücken vermochte.

Dadurch war der Marschall von Geldern isolirt. Er erschien mit 16,000 Mann vor Antwerpen, die Verräther, auf die er gezählt, waren aber bereits in den Kerkern der Regentin. Maria leitete selbst ihren Process. Er war kurz. Ihre Köpfe fielen unter dem Beil des Henkers.

Als der Marschall überdies Antwerpen bewaffnet und vom Grafen von Nassau besetzt fand, schwenkte er gegen Löwen ab. Hier ebenfalls mit den Waffen zurückgewiesen, zog er, von dem Grafen von Nassau verfolgt, in Eilmärschen nach Luxemburg, wo es ihm endlich gelang, sich mit den Franzosen zu vereinigen. Zugleich wurde ein Schiff Christians III., das die holländische Küste recognoscirte, von den Niederländern genommen. Die Landung der Dänen unterblieb.

Mit grosser Befriedigung empfing die Regentin die Depeschen, welche ihr Nachricht gaben, dass alle Anschläge ihrer Feinde missglückt waren. Sie empfing diese Depeschen mit Befriedigung, denn die Städte und Festungen, welche den Angriff der Franzosen und des Marschalls abschlugen, hatte sie in Vertheidigungsstand gesetzt; sie hatte die Truppen gerüstet, welche den Franzosen in Artois und Luxemburg die Spitze boten, die Schiffe, welche die Landung Christians III. verhinderten.

Dabei hatte Maria, während beinahe in allen Provinzen der Kampf tobte, und jeden Augenblick die Reiter des Marschalls von Geldern vor ihren Palast sprengen konnten, die grösste Umsicht und Kaltblütigkeit bewahrt. Sie entgalt den

Dänen die Sperre des Sunds durch die härtesten Repressalien; sie rief die deutschen Fürsten auf, die Niederlande, „die Vormauer Deutschlands gegen die Feinde des deutschen Namens", zu vertheidigen; sie berief die Generalstaaten und verlangte neue Summen. Ihre Ansprache war voll Kraft und Würde: „Ihr müsst Euch und Eure Freiheiten bis auf das Aeusserste vertheidigen, damit Ihr nicht in französische Sclaverei gerathet. Lasst lieber den Krieg Euer Hab und Gut verzehren, als den Feind dasselbe plündern und zerstören."

Wenn nach diesen Erfolgen Maria's die Hansa schon einen Frieden zwischen der Königin und Christian III. zu vermitteln suchte, war der Feldzug doch noch nicht zu Ende. Der Kaiser, welcher indess im Süden mit Erfolg gegen die Franzosen gekämpft hatte, eilte jetzt selbst in die Niederlande. Ein Heer folgte ihm auf dem Fusse. Seinen Weg nahm er über Italien und Deutschland.

Nach dem Tode Karl Egmonts war Wilhelm von Cleve und Jülich Herr von Geldern geworden. Da Karl V. ebenfalls Ansprüche auf dieses Land erhoben hatte, war Wilhelm in ein Bündniss mit Frankreich getreten und hatte seinen Marschall die Niederlande verwüsten lassen. Nachdem der Reichstag zu Regensburg es dem Kaiser freigestellt hatte, sein Recht mit den Waffen geltend zu machen, zog er im Spätsommer 1513 in die Jülich'schen Lande an der Spitze von 26,000 Mann alter Soldaten, von denen viele bei Pavia unter der österreichischen Fahne gefochten, andere die Breschen von Goletta gestürmt hatten. Viele hatten ihre Narben von maurischen Piken, andere vom gehackten Blei römischer Bürger empfangen. Es waren Soldaten, denen die französischen Lilien, die Schlüssel Petri, die Sterne des Türken und sein Halbmond so bekannt waren, wie dem Astronomen die Sternbilder, welche er gewöhnt ist, an seinem Gesichtskreise ebenso schnell fliehen als erscheinen zu sehen.

Schon am 21. August ergab sich die Festung Düren. An-
fangs September erschien Wilhelm im kaiserlichen Lager, bat
um Gnade und leistete auf Geldern und Zütphen Verzicht. Beide
Länder wurden von dem Grafen von Nassau im Namen Karls V.
in Besitz genommen und den Niederlanden einverleibt. Der
Kaiser berief hierauf die Generalstaaten nach Löwen, wo er
am 20. Jänner 1544 mit Maria in ihrer Versammlung erschien.
Der Präsident des Geheimrathes schilderte der Versammlung
die Reisen, welche der Kaiser unternommen, die Abenteuer die
er bestanden, seitdem er die Niederlande verlassen hatte. Wie
sich der Kaiser alle Mühe genommen habe, den Frieden mit
Frankreich zu erhalten, nun aber gekommen sei, um seine
treuen Provinzen zu sichern und seine Feinde zu Paaren zu
treiben.

Die Generalstaaten sprachen hierauf dem Kaiser ihren Dank
aus, dass er sie von einem ihrer mächtigsten Feinde befreit,
so beträchtliche Landschaften mit dem niederländischen Staate
vereinigt habe, dass er seine Reiche, ja seine Kinder verlassen
habe, um sie zu schützen, die ohne die Umsicht der Königin
von Ungarn längst verloren gewesen wären. Zuletzt setzte
der Kaiser selbst der Versammlung auseinander, wie zweiden-
tig und treulos sich Franz I. benehme, wie derselbe die schönsten Versprechungen gemacht und indess seine Staaten mit
Krieg überzogen habe. Seine übrigen Staaten, schloss Karl,
habe er selbst beschützt, für die tapfere Vertheidigung der Niederlande danke er ihnen und ihrer Regentin.

Karl V. schloss gegen Frankreich ein Bündniss mit England. Heinrich VIII. sollte in Calais landen, Karl V.
durch die Champagne eindringen; vor den Mauern von Paris
wollten sie sich treffen. Franz I. liess es nicht dahin kommen.
Karl V. bot ihm wiederholt eine Schlacht an. Er wagte es
nicht, sie anzunehmen, sondern zog sich ebenso rasch zurück.
als der Kaiser vorrückte. Als Heinrich vor Boulogne, Karl

in Soissons angelangt waren, beeilte sich der König, am 18. September 1544 zu Crespy einen Frieden zu schliessen, welcher einen Kampf beendete, der ein Vierteljahrhundert die Länder Frankreichs und Habsburgs verwüstet und ganz Europa in Spannung gehalten hatte.

Der kaiserliche Sieger fand, dass die Dienste, welche ihm Maria in den letzten zehn Jahren dieses Kampfes geleistet, über die Pflichten einer Regentin wie einer Schwester hinausgingen. Wie sollte er dieselbe belohnen? durch sein Vertrauen? Konnte er dieses noch steigern, als er, durch einen Gichtanfall zurückgehalten, nicht den römischen König, sondern Maria dem grossen Reichstag zu Speier präsidiren lassen wollte?

Er beschloss die Freundin der Jagd und der Musen, nicht die Regentin zu belohnen, und überraschte sie mit einem kaiserlichen Patente, welches Maria zur Eigenthümerin der Herrschaft Tournhout sowie der Stadt und des Gebietes von Bingen machte. Die Königinwitwe von Ungarn war über dieses wahrhaft kaiserliche Geschenk nicht wenig entzückt. Sie hatte jetzt ein Stück Erde, auf dem sie souveräne Herrin war, dessen Einkünfte in ihre Kasse flossen, dessen Wild sie nach Belieben hegen und jagen konnte, über dessen Bewohner sie allein zu Gerichte sass.

Die Gegend, in welcher die Stadt Bingen lag, hatte den Ruhm einer wilden, schönen Natur und des grossen Reichthums an Wild. Sie war geschaffen, der Sitz einer Regentin zu sein, welche zugleich die genialste Frau, die kühnste Reiterin und Jägerin des Landes war.

Maria liess von dem ersten niederländischen Baumeister, Jakob von Bruck, etwa eine Stunde vor der Stadt ein Schloss bauen, welchem sie den Namen Marienburg gab. Seine Bauart, seine Gärten wetteiferten mit den Meisterbauten und Anlagen Italiens. In Bingen selbst liess sie, ebenfalls durch Bruck, einen Marmorpalast aufführen, der in allen seinen

Theilen ein Kunstwerk war. Das Gebäude selbst vereinigte majestätische Dimensionen mit der grössten architektonischen Schönheit und Harmonie. Ein Künstler hatte dasselbe aus Marmor und Porphyr aufgeführt. Das Getäfel, die Plafonds, die Fussböden, Scheiben und Beschläge der Thüren, Einrichtung und Geräthe waren Meisterwerke von Bildnerei, Tischler- und Schlosserarbeit. Den Schmuck der Wände bildeten die herrlichsten Gemälde italienischer, deutscher und niederländischer Maler, die Statuen italienischer Meister.

Diesen Palast umgaben die Zaubergärten der niederländischen Semiramis, deren classischer Geschmack die antike Welt in demselben auferstehen machte. Hier lag ein gewaltiges Porphyrbassin, hier die Quelle Helikon von marmornen Musen umgeben; dort der Berg Parnass. Die Königin liess jetzt ihre Bibliothek, welche seit ihrem Aufenthalte in Ungarn einen grossartigen Zuwachs erhalten hatte, von Mecheln nach dem Schlosse Tournhout bringen. Hier stellte sie dieselbe neben ihren antiken Münzen, ihrer Schatz- und Raritätenkammer auf und bestellte einen besonderen Aufseher dieser Sammlungen. Ihre Bibliothek enthielt ausser vielen kostbaren Werken, Classikern, Livius, Caesar, Seneca, Petrarca, auch Tagesliteratur, wie die Kunst der Liebe, den Spiegel der Frauen, den irrenden Ritter und andere, welche dem Bücherschranke des Ritters von La Mancha zur Zierde gereicht hätten; Auszüge aus den besten theologischen, geschichtlichen und dichterischen Werken in allen lebenden Sprachen.

In diesem Schlosse befand sich auch ihre Sammlung von Portraits der Zeitgenossen. Sie besass ein ausgezeichnetes Bild ihres bei Mohacz gefallenen Gatten. Der Maler D'Orley, den sie an ihren Hof gezogen, musste dasselbe für jedes ihrer Schlösser copiren.

Ihre Paläste wurden der niederländischen Kunst geweihte Stätten. Junge Maler und Bildhauer, deren erstes Werk vor dem Auge Maria's Gnade fand, hatten damit schon einen Namen erworben.

Dem „zweiten Ich" Karls V. war es jedoch ebensowenig wie ihm selbst bestimmt, die Regierung in behaglicher Ruhe, im Genusse der Künste fortzuführen. Die Regentschaft der Niederlande war keine Sinecure. Nach dem Tode König Franz' I. standen in den protestantischen Fürsten Deutschlands dem Hause Habsburg neue Feinde auf. Karl V. zog gegen sie ins Feld und mit den Soldaten, welche in Afrika und Italien gesiegt, siegte er auch bei Mühlberg an der Elbe.

Maria wurde die Kerkermeisterin des gefangenen Landgrafen Philipp von Hessen, der nach Mecheln in ihr Gewahrsam gebracht wurde. Auf einem Reichstage zu Augsburg, welcher die deutschen Verhältnisse ordnen sollte, wurden die Niederlande als burgundischer Kreis mit dem deutschen Reiche vereinigt.

Die letzten Ereignisse in Deutschland bestimmten den Kaiser, ernstlich an die Thronfolge zu denken. Wenn seine Versuche dem Infanten Don Philipp die Kaiserkrone zu sichern scheiterten, wollte er ihm seine spanischen, italienischen und vor allem seine niederländischen Erblande um so gewisser erhalten. Er berief ihn, um ihn seinen Völkern vorzustellen, zuerst in die Niederlande.

Don Philipp traf am 1. April 1549 zu Brüssel ein. Die Regentin gab ihrem Neffen zu Bingen und Marienberg glänzende Feste und Rathschläge, deren Befolgung Philipp II. die Niederlande erhalten hätte.

Nachdem mit Zuziehung der Generalstaaten die Thronfolge für sämmtliche Niederlande geregelt und durch ein Gesetz sanctionirt worden war, reiste der Kaiser mit seinem Sohne von Provinz zu Provinz und liess ihm überall huldigen. Als ein Gichtanfall den Kaiser an der Fortsetzung dieser Reise hinderte, begleitete die Regentin den Infanten nach Holland, Seeland,

Geldern. In Rotterdam versäumte Maria nicht, mit Don Philipp das Geburtshaus des Erasmus, und das Stübchen, worin die Wiege des grossen Humanisten stand, zu besuchen.

Von nun an finden wir Maria beschäftigt, immer neue Pläne zu schmieden, welche den Wunsch Karls V., seinen Sohn mit der Krone Karl des Grossen zu krönen, realisiren sollten. Wie aber alle Künste der Ueberredung Ferdinand nicht bewegen können, zu Gunsten des Infanten zurückzutreten, oder nur seinen Sohn Maximilian zur Entsagung zu bewegen, finden wir sie wiederum Alles aufbieten, um zu beschwichtigen und zu versöhnen.

Nachdem die Spannung zwischen Karl und Ferdinand das Aeusserste erreicht hatte, genügte das Auftreten Maria's, welche von sämmtlichen Familiengliedern als Schiedsrichter aufgerufen war, zu Augsburg, um Alles auszugleichen. Der Vertrag, den sie dictirt, findet die Zustimmung beider Theile

Während Ferdinand Kaiser ist, soll Philipp römischer König sein; diesem Maximilian zuerst als römischer König, dann als Kaiser folgen.

Doch die Kurfürsten hatten geschworen, nie wieder einen Spanier zu wählen.

Maria kehrte nach Brüssel zurück, nachdem sie die Einführung der Inquisition in den Niederlanden rückgängig gemacht hatte, weshalb ihr neuerdings der Vorwurf gemacht wurde, die Partei der Protestanten zu nehmen. Dieser Vorwurf wurde von dem römischen Hofe gegen sie geschleudert, eben als sie in rastloser Thätigkeit war, die Absichten der deutschen Protestanten zu vereiteln. Hätte sie Deutschland regiert, so hätte Karl V. kein Innsbruck und Passau erlebt. Ihr politischer Blick hatte in den inneren und äusseren Verhältnissen, welche die Regentin seit Jahren umgaben, eine Schärfe erlangt, welche die gesammte Diplomatie beschämte, überall den Feind wie den Raub erkannte.

Die Verhältnisse in Deutschland hatten eine entscheidende Wendung genommen. Der Sieger von Mühlberg rang in Oesterreich mit der Gicht; die protestantischen Fürsten erneuerten ihr Bündniss.

Maria schrieb Granvella, Moritz von Sachsen sei mächtig und gefährlich: man müsse ihn unschädlich machen, indem man ihn in Ungarn gegen die Türken verwende. „Wenn wir über die Franzosen die Oberhand gewinnen und man zu dem Prinzen Philipp Zutrauen gewinnt, kann der Kaiser das Reich geben wem er will; aber wenn wir hier unterliegen, halte ich auch das (deutsche) Reich für verloren und uns in grosser Gefahr."

Maria war die erste, welche dem Kaiser von dem Bündnisse Moritz' mit dem Nachfolger Franz' I., König Heinrich II. von Frankreich, Nachricht gab, König Ferdinand aufforderte, sich mit seinem kaiserlichen Bruder gegen den gemeinsamen Feind zu vereinigen.

Dem Kaiser schrieb sie, er möge den Landgrafen von Hessen, ihren Gefangenen, freigeben, und ihm Moritz als Gegner entgegenstellen. Sie selbst sammelte in den Niederlanden ein Heer und setzte ihre Festungen in Vertheidigungsstand, Karl V. musste sie ermahnen, ihren Eifer nicht zu weit zu treiben, keine Schlacht zu liefern und Metz zu decken.

Als die Verwickelungen, die Gefahr in Deutschland sich immer deutlicher aussprachen, zweifelte der Kaiser nicht einen Augenblick, dass er in den Niederlanden bei seiner heldenmüthigen Schwester und seinem tapfersten und treuesten Volke am sichersten sei. Am 11. März 1552 vor Mitternacht liess er sich, von einem kleinen Gefolge umgeben, in einer Sänfte aus Innsbruck tragen. Er kehrte jedoch um, weil er besorgte, den Protestanten in die Hände zu fallen. Bald suchten ihn diese, Moritz von Sachsen an der Spitze, in den Erblanden auf. Karl V. musste krank, in der Nacht des 19. Mai, aus Innsbruck nach Kärnten fliehen und, von Truppen entblösst, zu Passau mit seinen Feinden unterhandeln.

Vereinzelt war jetzt Maria dem Angriffe der Franzosen preisgegeben. Sie schrieb dem Kaiser: Er möge Alles aufbieten, Deutschland zu bewegen, den Niederlanden gegen den König von Frankreich Hilfe zu bringen. Es sei den Niederlanden gegenüber dazu verpflichtet, welche seit der Vereinigung über 60,000 Dukaten zu den Steuern des deutschen Reiches beigetragen haben.

Die Franzosen waren, nachdem sie mit Hilfe deutscher Fürsten drei deutsche Bisthümer erobert hatten, im Anmarsche gegen die Niederlande; doch die Regentin derselben überbot sich damals selbst an Klugheit und Thatkraft. Sie eilte nach Aachen und wusste die deutschen Fürsten, die sich zu Frankreich neigten, persönlich zu gewinnen. Dann kehrte sie in ihre Provinzen zurück. Aus dem Reiche von ihren Brüdern hatte sie keine Hilfe zu erwarten. In Flandern regte sich der Geist der Creeser. Sie aber liess ihre Truppen zugleich an die Mosel rücken, um Brabant zu decken, und gegen den Rhein, um dem Kurfürsten von Brandenburg die Spitze zu bieten. Martin Rossem, der berühmte Marschall von Geldern, der die Niederlande so oft mit Feuer und Schwert heimgesucht, verwüstete jetzt im Dienste Maria's mit 18,000 Mann die Champagne. Nachdem er Stenay genommen hatte, setzte er über die Maas, verwandelte das Land bis Grand-Pré in eine Wüste. Er zog sich erst zurück, als zwei französische Heere, eines unter dem Admiral Anébaut, das andere unter dem Könige, gegen die Niederlande anrückten und das eine ihm in den Rücken zu fallen drohte. Seine früheren Verbündeten gingen jetzt ihrerseits über die Mosel, nahmen und plünderten mehrere niederländische Städte, eroberten Luxemburg. Ein Landregen hemmte für einige Zeit ihre weiteren Bewegungen. Indess war der Vertrag von Passau geschlossen worden. Karl V. konnte alle Kräfte gegen Frankreich zusammenraffen; er vergeudete dieselben jedoch vor einer Festung, die damals für uneinnehmbar galt. Nachdem er die Hälfte seines Heeres in den Laufgräben und Lazarethen vor Metz verloren, zog sich der Kaiser mit seinen von Kugeln und Krankheiten gelichteten Regimentern in die Niederlande zurück, ohne dass die Franzosen ihn zu verfolgen wagten.

Die Eroberung und Schleifung der Festungen Therouanne und Hesdin durch die Kaiserlichen leitete den folgenden Feldzug ein.

Maria führte selbst ein niederländisches Heer in die Picardie. Ihr Feldherr war der Graf von Roeux, Generalcapitän von Flandern. Es war ein Rachezug. Wenn die Franzosen die westlichen Niederlande mit Feuer und Schwert durchzogen hatten, befahl jetzt Maria, alle Orte anzuzünden, zu plündern und keinem Pardon zu geben. Die rauchenden Trümmer der Städte Noyon, Nesle, Roy, Chauny und von 700 Dörfern bezeichneten den Weg der Königin von Ungarn. Maria war immer zu Pferde unter ihren Truppen, auf dem Marsche und im Gefechte. Sie ermunterte durch ihren Anblick und Zuruf die Stürmenden, trieb die Weichenden mit der Reitpeitsche in den Kampf. Tapfere empfingen von ihr selbst den Lohn, Feige liess sie ohne Barmherzigkeit erschiessen. Das Heer kehrte mit Trophäen und Beute beladen zurück. So hatte die Königin den Franzosen die Brandstätten niederländischer Dörfer, die Ruinen von Rodemark und Ivoy, von Damviliers und Montmedy vergolten. Die Picardie war ein Paradies als Maria sie betrat, eine Wüste als sie dieselbe verliess.

Nachdem langwierige Verhandlungen zu keinem Ziele führten, ergriff der König von Frankreich im Juni 1551 die Offensive.

Während Abtheilungen französischer Truppen sich längs der ganzen niederländischen Grenze entfalteten, um den Kaiser über die Richtung des Hauptangriffes zu täuschen, vereinigte

Heinrich II. sein Heer bei Cressy. Es bestand aus 25 Compagnien Franzosen, 25 Fähnlein Schweizer, 2 deutschen Regimentern, 3000 Reitern. Zu Feldherren ernannte der König den Connetable von Montmorency und den Marschall St. André.

Der Connetable überschritt die Grenze. Sein Ziel war Marienburg, das sich nach ein paar Tagen ergab. Heinrich II. liess die französische Fahne auf der Festung aufpflanzen und taufte sie Heinrichsburg (Henribourg). Die Franzosen konnten jetzt ungehindert Bouvignes und Dinant nehmen.

Der Kaiser, durch Gicht gelähmt, erschien jetzt in einer Sänfte unter seinen Soldaten. Er hatte nur 8000 Mann bei sich, dennoch verwarf er den Rath, den Rückzug nach Antwerpen anzutreten, und beschloss, jede Bewegung der Franzosen mit einer Gegenbewegung zu erwiedern, durch Märsche sein kleines Heer immer zwischen sie und die bedrohten Punkte zu werfen, und im Falle eines Angriffes keine Schlacht anzunehmen, sondern die Stadt, welcher der Angriff galt, zu vertheidigen.

Als König Heinrich II. aus Dinant gegen Namur hervorbrechen wollte, rückte ihm Karl V. entgegen, lagerte eine Viertelmeile vor der Stadt und erwartete in einer festen Stellung den Angriff. König Heinrich schwenkte jedoch über die Sambre nach Hennegau ab, während seine Reiter das Land weithin verheerten. Als das französische Heer Marienburg erreichte, führte Heinrich II. seine Cavaliere, den Degen in der Faust, in den berühmten Palast der Königin von Ungarn.

„Vorwärts, meine Ritter!" schrie er und sprengte allen voran in den Garten. Ein königlicher Don Quixote hieb er tapfer auf die Bäume und liess die Flammen schüren, welche das Schloss verzehrten.

Wenige Stunden darnach stand er vor Bingen, das von einer Abtheilung deutscher Landsknechte vertheidigt wurde.

Sogleich begannen die Belagerungsarbeiten der Franzosen, und
wurden unter dem heftigsten Feuer der Belagerten die ganze
Nacht durch fortgesetzt, Batterien errichtet und sogleich das
Feuer gegen den Platz eröffnet. Um 8 Uhr Morgens war bereits
Bresche geschossen. Der König sammelte seine Compagnien
zum Sturm, als auf der Mauer von Bingen die weisse Fahne
aufgezogen wurde. Sogleich, nachdem die Uebergabe erfolgt,
die Besatzung abgezogen war, ergossen sich die Franzosen in
die Strassen der Stadt. Heinrich eilte selbst von Haus zu
Haus, seine plündernden Soldaten zu Raub und Brand anzueifern.
Nachts beleuchtete der Brand des majestätischen Palastes der
Maria die französischen Soldaten, wie sie die Gewächse aller
Zonen in ihr Lagerfeuer warfen, die marmornen Musen heran-
wälzten, um auf ihren classischen Leibern Karten zu spielen,
auf dem Berge Parnass eine Marketenderbude aufschlugen, und
aus der Quelle Helikon ihre Pferde trinken liessen.

Als am Morgen die ersten kaiserlichen Reiter erschienen,
zog sich der König von Frankreich in Eilmärschen über die
Grenze zurück.

Maria erhielt durch ein Schreiben Granvella's umständ-
lichen Bericht von der Verwüstung dieser Paläste, welche sie
mit soviel Aufwand an Geld und Kunst geschmückt hatte.

„Ich danke Euch dafür", lautete die Antwort Maria's, „dass
Ihr Euch die Mühe nahmt, die Trümmer von Bingen und Marienburg so genau in Augenschein zu nehmen, und mich so
weitläufig von der grossherzigen That des Königs von Frankreich und seiner Grossen zu unterrichten. Was mich selbst
betrifft, so bin ich stolz darauf, dass er in meinem Besitzthum
so viel Zorn und Abscheulichkeit verrieth, da er sich so weit
vergass, so niedrige, seines Ranges unwürdige Dienste zu verrichten. Um so mehr wird die Welt jetzt wissen, dass ich eine
treue und gute Dienerin Seiner Majestät bin, was mir als der
grösste Ruhm gilt, welchen ich erringen könnte. Was den

Schaden betrifft, gilt er mir nicht mehr als drei Pflaumen.
Dasselbe hätte mir durch eine Feuersbrunst und auf andere
Weise geschehen können, und wenn er noch so gross wäre,
ich bin kein Weib das sein Herz an solche Dinge hängt, um
dann über den Verlust derselben den grössten Schmerz zu em-
pfinden. Mir sind das Dinge die dem Wechsel unterworfen sind,
welche man geniessen soll, wenn man sie hat, und die man
leicht entbehren soll, wenn man sie nicht hat. Da habt Ihr
meiner Treu den ganzen Aerger den ich darüber habe!"

Aus diesen Zeilen spricht eine jener Naturen, wie sie Maria's
Liebling Livius vorführt. Ihr gegenüber scheint Granvella
derjenige zu sein, dessen Schlösser verbrannt, dessen Statuen
zerschlagen, dessen Gemälde zerschnitten worden. Dem ritterlichen Benehmen des Königs von Frankreich setzte sie den ver-
dienten Spott entgegen. Sie fand es lächerlich, dass er ihr
grosses Herz damit gekränkt zu haben glaubte, wenn er wie
ein Knabe, den ein anderer geschlagen, sich an dessen Spielzeug
rächte. Die Schlösser der Regentin wurden aber bald fürchterlich
gerächt. Philibert von Savoyen verfolgte die Franzosen auf
ihrem Rückzuge. Seine leichten Reiter waren immer auf ihrer
Ferse, und umschwärmten sie von allen Seiten. Bei Quesnay
überfiel er die Nachhut, zersprengte sie und nahm ihr zahlreiche
Gefangene ab. Der König von Frankreich zog alles verwüstend
durch Cambresis, Artois, St. Pol, und begann die Festung Renty
zu belagern. Maria hatte indess in allen niederländischen Landschaften Truppen geworben. Karl V. konnte mit einem ansehnlichen Heere zum Entsatze herbeieilen, die Franzosen bei
Renty schlagen, und derart einschliessen, dass König Heinrich II., um der Gefangenschaft zu entgehen, bei Nacht und
Nebel in aller Eile mit seinen Truppen das Lager verliess und
über die Grenzen floh Der gichtkranke Kaiser liess ihn durch
den Herzog von Savoyen verfolgen, welcher als Rächer der
Niederlande die französischen Landschaften verwüstend durchzog.

Als Karl V. mit Maria von Ungarn nach Brüssel zurückgekehrt war, traf er Anstalten, die Regierung der Niederlande zu Gunsten seines Sohnes Philipp niederzulegen.

Maria erklärte, sie werde mit ihm abdanken. Sie überreichte ihm eine Denkschrift, welche ihren Rücktritt erklärte. Dieselbe ist eins der interessantesten Documente des Jahrhunderts.

Die Königin verlangt in derselben von ihrem kaiserlichen Bruder die Erfüllung seines Wortes. Sie habe vor ihm das Gelübde gethan, ein für ein Weib so schwieriges Regiment nur zeitweise führen zu wollen; habe mehr als einmal ihre Entlassung eingereicht, welche er in Augsburg 1550 angenommen. Ausser ihrem Gelübde zwinge sie ihre Pflicht gegen Gott, seitdem sie ihre Unzulänglichkeit kenne. Der Kaiser zeige ihr selbst die Bahn, welche sie zu betreten habe, da er trotz seiner grossen Eigenschaften selbst vom Throne steigen wolle.

„Wie soll ich dann so kühn sein", fährt sie fort, „mich zu der Leitung eines, wenn auch nur kleinen Staates, für befähigt zu halten, um so mehr, da ich als Frau zu den vorzüglichsten Acten der Regierung ungeeignet bin. Ich habe zu viel Erfahrung, um nicht·einzusehen, dass es einer Frau unmöglich ist, diesen Verrichtungen im Frieden und noch weniger im Kriege zu genügen.

„Die Regierung der Niederlande ist die schwierigste, denn man muss die Beziehungen zu allen Ständen des Reiches immerfort erhalten, um das Wohlwollen des Adels wie der Gemeinden zu gewinnen, da dieses Land weder eine absolute Monarchie noch eine Oligarchie, noch eine wirkliche Republik ist. Dies sind schwere Pflichten für eine Frau, besonders wenn sie Witwe ist, denn das Weib, wie seine Fähigkeit auch ist, ist niemals so gefürchtet und geachtet wie ein Mann. Obwohl ich den König, Euren Sohn liebe, wäre es doch hart für mich, nachdem ich

Eurer Majestät bis zu Ende gedient habe, meine Lehrzeit wieder zu beginnen.

„Eine Frau von 50 Jahren soll, wenn sie mehr als 21 davon gedient hat, sich für den Rest ihres Lebens mit einem Gotte und einem Herrn begnügen. Eine neue Zeit, ein neues Geschlecht umgiebt mich, ich bin zu alt um von vorne anzufangen. Eine allgemeine Anarchie zeigt sich in den Niederlanden, wie in der Welt. Die Zahl der Treuen ist klein, die Achtung vor Gott und den Fürsten wird täglich geringer. Diese Zustände machen es mir sogar unmöglich, als Privatperson unter diesen Leuten zu leben. Lieber, als sie weiter regieren, wollte ich selbst mein Brod verdienen. Ich bitte Eure Majestät, mich mit meiner Schwester, der Königin Witwe von Frankreich (Eleonore), nach Spanien zurückziehen zu dürfen, damit ich in der Nähe Eurer Majestät meine Tage beschliesse und allen Staatsgeschäften ferne bleibe." Maria.

Maria war alt und müde geworden. Wenn sie noch die kühne Reiterin und Jägerin, die Freundin der Künste und Wissenschaften war, wie damals vor vierundzwanzig Jahren, als sie die Regierung der Niederlande übernahm, so sehnte sie sich jetzt um so mehr, die letzten Jahre ihres thatenreichen Lebens sich selbst und ihren Erinnerungen, ihren Büchern, ihren Gemälden, ihrer Laute zu leben, das Jagdhorn zu hören, ohne an die Kriegstrompete Frankreichs gemahnt zu werden, im Livius zu lesen, ohne erinnert zu werden, dass im Vorzimmer ihr Secretär auf ihre Unterschrift, Deputirte und Gesandte auf ihre Audienz warten.

Am 25. October 1555 versammelten sich die Generalstaaten, die Prälaten, die Cavaliere, die Beamten in dem Saale des Palastes zu Brüssel. Das Volk wogte in den Strassen und im Palaste, und drang soweit Raum war in den Saal hinein. Eine feierliche Stimmung kündete ein Ereigniss an, das ganz Europa beschäftigen sollte. Karl V. trat ein, auf Wilhelm von Oranien gestützt, ihm folgten Maria, Königin von Ungarn, und Philipp II.

Der Saal versammelte jetzt die Vergangenheit und die Zukunft der Niederlande, alle jene Charaktere, welche in der Geschichte des Landes die Zeit Karls V. und Philipps II. bezeichnen. Hier Kaiser Karl V., die Regentin Maria, Königin Eleonore, dort Philipp II., Margarethe von Parma und Erzherzog Maximilian. Hier die Feldherrn Philibert von Savoyen, Generalcapitän Roeux, Büren, dort Ruy Gomez, Viglius, Granvella, Oranien, Egmont und Horn, Berghen, Brederode.

Ein Mitglied des geheimen Rathes schilderte jetzt ausführlich die Gründe, welche den Kaiser zu seiner Abdankung bewogen: sein fürchterliches Gichtleiden, die Vortheile, welche ein junger lebenskräftiger Regent dem Lande bringen sollte, und las dann die Urkunde, in welcher der Kaiser der Herrschaft der Niederlande zu Gunsten seines Sohnes Philipp II. entsagte. Nach ihm sprach der Kaiser selbst, auf Oranien und eine Krücke gestützt, zu der Versammlung. Nachdem er die Ereignisse seiner Regierung, seine Mühen, seine Thaten in das Gedächtniss der Zuhörer zurückgerufen, sprach er von den Gefahren, welche die Regierung eines kranken Greises, von den Hoffnungen, welche die Thronbesteigung eines jungen, kräftigen Mannes erwecken müsste. Er schloss damit, dass er seinen Sohn ermahnte, sich der Aufgabe, welche er ihm übertrage, würdig zu zeigen, und seine Völker bat, ihm die Fehler und Ungerechtigkeiten seiner Regierung zu verzeihen. Er selbst nehme die Erinnerung an ihre Treue und Anhänglichkeit als den schönsten Trost, als den Lohn seiner Anstrengungen in seine Zurückgezogenheit mit.

Thränen erstickten seine Stimme, der alte Kaiser sank weinend in seinen Sessel. Harte Naturen, wie Maria und Philipp, konnten sich der Thränen nicht erwehren. Im Saale unter den Abgeordneten, wie unter dem Volke, hörte man lautes Schluchzen.

Nachdem Philipp II. knieend den Segen seines Vaters empfangen hatte, gelobte Granvella im Namen des Königs, welcher keiner der Landessprachen mächtig war, den Rath des Kaisers, wie seine Pflichten zu erfüllen.

Syndikus Maas dankte ihm als Sprecher der Generalstaaten.

Wieder war es stille im Saale.

Königin Maria erhob sich.

„Meine Herren", waren ihre Worte, „Ihr habt den Entschluss Seiner Majestät vernommen, der Herrschaft dieses Landes zu Gunsten seines Sohnes zu entsagen. Da ich seit langer Zeit mit den grössten Mühen die Regierung dieser Provinzen geleitet habe, wünsche ich diese Gelegenheit zu benutzen, um mich mit Seiner Majestät nach Spanien zurückzuziehen. Ich fühle dass es Zeit ist, mich nach so viel Anstrengungen einer solchen Bürde zu entledigen. Es hat Seiner Majestät gefallen, mir die Gnade zu erweisen, mich dieses Amtes zu entheben. Ich versichere Euch, meine Herren, dass wenn meine Unfähigkeit Ursache war, dass Seine Majestät nicht so gedient wurde und Ihr nicht so gut regiert worden seid, wie Ihr es gewünscht hättet, nicht mein böser Wille daran Schuld war. Wenn mein Wissen und meine Fähigkeiten meiner Treue und Hingebung das Gleichgewicht gehalten hätten, bin ich überzeugt, dass kein Fürst besser bedient, kein Land besser regiert worden wäre, da ich zu der Erfüllung meiner Pflichten alle Liebe und alles Wissen, welches mir Gott gegeben hat, mitgebracht habe. Ich bitte Seine Majestät und Euch meine Dienste nicht zu verwerfen, da ich Alles, was mein war, geopfert habe, und bitte meine Fehler, meine Unfähigkeit zu verzeihen, Fehler, die mich zu grossen Missgriffen verleitet hätten, wenn Ihr und die früheren Vertreter des Reiches mir nicht beigestanden wäret. Ich danke Euch dafür, und da ich Euch zufrieden stellen wollte, wünsche ich versöhnt von Euch zu scheiden. Wo ich auch sein möge, Ihr werdet mich immer bereit finden, alle meine Kräfte Eurem Wohl zu weihen."

Diese Rede wurde von dem Kaiser und von dem Syndikus Maas im Namen der Niederlande mit Ausdrücken der vollsten Dankbarkeit gegen die Scheidende erwiedert. Kein Auge blieb trocken, als Karl V. und Maria, nach einem letzten Lebewohl, den Saal verliessen.

So schloss diese denkwürdige Versammlung.

Jetzt noch, nachdem Maria von Ungarn sich aller Würden feierlich entkleidet hatte, bestürmten sie der Kaiser und König Philipp, die Regierung der Niederlande fortzuführen.

Maria, welche nie ein Wort gebrochen, nie einen Entschluss geändert hatte, blieb auch hier fest und unwandelbar. Ihrem klaren Blicke, der nicht einmal durch ein begreifliches Selbstgefühl getrübt wurde, konnte es nicht entgangen sein, dass sie trotz der Mühen und Sorgen, mit denen sie die Niederlande verwaltete, obwohl sie allein dieselben vor dem Untergange ihres Handels, vor Zerstörung und Plünderung, vor der Inquisition bewahrt hatte, dennoch der bedeutenden Summen wegen, welche sie zu diesen Zwecken von dem Volke beinahe erbetteln musste, nicht beliebt war. Als jetzt bei ihrem Rücktritte auch im Lande das Bedauern über denselben immer lauter, die Bitte Karls V. und Philipps immer dringender wurde, zog sie sich auf ihr Schloss Tournhout zurück, um dort zu studiren und zu jagen, und verliess dasselbe erst, um sich am 13. September 1556 auf der Rhede von Vliessingen einzuschiffen. Eine Flotte von 55 Schiffen, unter Befehl Don Carvajals, segelte am 17. September hier ab, um zwei der grössten Charaktere des Jahrhunderts, Kaiser Karl V. und Königin Maria, von dem Schauplatz der Geschichte nach Spanien in die Einsamkeit eines Klosters und eines Witwensitzes zu geleiten.

Den Kaiser hatte ein spanisches Schiff, der „Espiritu Santo"

aufgenommen, die Königin Maria machte die Fahrt in Gesellschaft ihrer Schwester, Königin Eleonore, Witwe Franz' I. von
Frankreich, am Bord eines niederländischen Schiffes. Sie führte
ihre werthvollen Bücher, Gemälde und flandrische Tapeten mit.
Am 28. September landeten sie in der Bucht von Laredo.

Des Kaisers treuer Hausholmeister, der Spanier Quixada,
schrieb sogleich nach Valladolid, man möchte ihn genau über
die Zimmer der Königinnen unterrichten, genau! da die Königin
von Ungarn gewohnt sei, die Wände ihrer Wohnung mit Tapeten geschmückt zu sehen, und selbst das geringste Versehen
in Ausführung ihrer Befehle nicht verzeihe.

Am 22. October hielten Maria und Eleonore ihren Einzug
in Valladolid. Adel und Geistlichkeit, die Beamten und die Universität gingen ihnen zum Empfange entgegen. Alle Glocken
wurden geläutet, alle Geschütze gelöst.

Maria fand in ihrer Wohnung ihre Befehle pünktlich vollzogen. Bei dem Bankette, das ihnen am Abend gegeben wurde,
äusserte Maria: „Ich finde jeden Tag einen neuen Grund mich
zu freuen, dass ich nach Spanien gekommen bin."

Am 4. November nahmen die Geschwister Abschied, Karl V.
um sich nach Juste zurückzuziehen, die Königinnen um in Valladolid zu bleiben, von wo aus sie im nächsten Herbste den
Kaiser in seinem klösterlichen Eldorado besuchten. Das Schloss
Xarandilla nahm die Königin auf.

Maria war noch so rüstig, dass sie hoch zu Ross in Juste
einsprengen konnte, während ihre Schwester Eleonore in einer
Sänfte mit ihrem Asthma rang. Obwohl der kaiserliche Mönch
nicht einmal seine Schwestern in der prächtigen Einsiedelei aufnehmen wollte, die er sich, wie ein sturmmüder Vogel, an dem
Kloster des heiligen Hieronymus angebaut hatte, liess sich die
kräftige Maria dadurch nicht irre machen. Sie bestieg immer
wieder den Sattel, um von Xarandilla nach Juste zu reiten, und
sich mit Karl V., dessen Zelle eine Art politisches Observatorium

war, über Politik und Familienverhältnisse zu unterhalten. Eleonore, deren Leiden sich täglich verschlimmerte, konnte sie bei
diesen Besuchen nur dreimal begleiten. Von Xarandilla begaben
sich die Königinnen nach Badajoz, zu einer Zusammenkunft mit
Donna Maria von Portugal, Tochter Eleonorens mit
König Emanuel dem Grossen.

Auf der Rückreise starb Eleonore zu Talavera.

Der Tod der geliebten Schwester wirkte auf Maria von
Ungarn zerstörend. Sie besass eines jener Herzen, welche
selten, aber immer wahr und ohne Ende lieben. So liebte sie
ihren Mann, so den Kaiser, so Eleonoren.

Der Kaiser sandte seinen Haushofmeister Quixada nach
Talavera. Er fand Maria trostlos. So oft sie reden wollte,
wurde sie durch ein heftiges Schluchzen unterbrochen. Quixada
geleitete sie zu ihrem kaiserlichen Bruder nach Juste. Karl V.
hatte ihr diesmal eine Wohnung in seiner Einsiedelei eingeräumt.
Als er Maria allein, ohne Eleonore eintreten sah, konnte er
seiner Bewegung nicht Meister werden. Am 15. nahm Maria
von ihm Abschied, um nach Valladolid zurückzukehren. Ihr
Herzleiden verschlimmerte sich seit dem Tode Eleonorens zu-
sehends.

Karl V. hatte in Juste den Wunsch ausgesprochen, Maria
an der Regierung von Spanien theilnehmen zu sehen, jetzt erhielt sie einen eigenhändigen Brief Philipps II. und einen Be-
such des Erzbischofs von Toledo. Beide zielten dahin, die
Regentschaft der Niederlande wieder in ihre Hände zu legen.
Die Verwicklungen wurden dort immer ernster, und man hielt
jetzt Maria von Ungarn allein für fähig, die Gefahr zu beschwören. Die Königin setzte in einer Denkschrift die Gründe
auseinander, welche sie bestimmten, diese Mission abzulehnen.

Ein neuer Abgesandter, Vega, und Briefe Philipps II. und
Karls V. bewogen Maria endlich zur Rückkehr in die Niederlande. Sie stellte jedoch Bedingungen: sie werde sich auf

keine Weise an der Verwaltung betheiligen, nur so lange, wie König Philipp, bleiben und mit ihm nach Spanien zurückkehren. Zuletzt verlangte sie die Auszahlung der Summen, welche nothwendig waren, um durch zwei Jahre den Krieg in den Niederlanden zu bestreiten.

Mit der grössten Freude erhielt Karl V. in seinen letzten Tagen die Nachricht von dem Entschlusse seiner Schwester.

Unter ihrer Leitung sah er die Niederlande seinem Hause erhalten. Er starb am 21. September 1558.

Beim Empfange dieser Nachricht bekam Maria zwei so heftige Anfälle ihrer Krankheit, dass man sie einige Zeit für todt hielt. Sie erholte sich noch einmal, wurde jedoch täglich schwächer.

In diesem Zustande wollte sie sich, um den letzten Wunsch des sterbenden Helden von Tunis und Mühlberg zu ehren, in die Niederlande einschiffen, doch ihre Krankheit nahm rasch überhand.

Am 28. October 1558 athmete sie ihre grosse Seele aus.

Ihr letzter Wille enthielt den Wunsch eines einfachen Begräbnisses neben ihrer Schwester Eleonore, Legate an ihre treuen Diener, ein Vermächtniss an die Armen.

„Ich habe" — lauten die Zeilen im Testamente — „seit dem Tode des Königs, meines Gemahls, ein goldnes Herz getragen, welches er ebenfalls bis an sein Ende getragen hat. Ich befehle, dass dieses Herz, mit dem Kettchen an dem es hängt, eingeschmolzen und an die Armen vertheilt wird. Es hat zwei Menschen bis an ihr Ende Gesellschaft geleistet, welche im Leben so lange in Liebe und Zuneigung niemals getrennt waren; desshalb soll es ebenso vergehen und seine Gestalt verändern, wie die Leiber der Liebenden."

Maria wurde zuerst neben ihrer Schwester Eleonore beerdigt. Im Jahre 1574 liess Philipp II. ihre irdischen Reste mit jenen Karls V., Eleonorens und anderer Glieder seines Hauses feierlich im Escurial beisetzen.

So schloss das Leben einer Fürstin, deren Thaten und Charakter den Ruhm und die Grösse Oesterreichs und Habsburgs um nicht Geringes erhöht haben, deren Name, mit den Geschicken edler Völker, grosser Zeiten verknüpft, bestimmt ist fortzuleben, so lange ein Interesse an der Vergangenheit besteht, so lange dieses Interesse die Feder eines Geschichtschreibers in Bewegung setzt, bis eine neue Wanderung der Völker die Civilisation vernichtet, oder eine neue Fluth das Menschengeschlecht vom Erdboden wegschwemmt.

QUELLEN.

Ausser den bekannten Quellen der ungarischen Geschichte und den Werken Horwath, Geschichte der Ungarn, Mailath Geschichte der Magyaren, Hammer, Geschichte der Osmanen, Buchholtz, Ferdinand I. wurden vorzüglich benützt: Der von Höfler im XI. Bande des Archivs für Kunde österreichischer Geschichtsquellen herausgegebene Bericht eines Augenzeugen über die Schlacht von Mohácz. **Marguerite d'Autriche** par Alt-meier. Liège 1840. Correspondenz Kaiser Karls V. aus dem k. Archive zu Brüssel, herausgegeben von Lanz, Leipzig 1844. Corespondence of the emperor Charles V., from the original letters in the imperial family Archives at Vienna edited by William Bradford, London 1850. Briefe an Kaiser Karl V., geschrieben von seinem Beichtvater, herausgegeben von Heine, Berlin 1848.

Bulletins de la commission royale d'histoire. Bruxelles. Hayez. Relations des ambassadeurs vénitiens sur Charles Quint et Philippe second par M. Gachard. Bruxelles 1856.

Juste. Les pays bas sous Charles Quint. Vie de Marie de Hongrie. Bruxelles 1855.

Mémoires de l'Académie Royale de Belgique. Tome 11: Verhandeling over de Nederland'sche Dichtkunst door Snellaert. De l'influence du règne de Charles Quint sur la législation et sur les institutions politiques de la Belgique par Marmol. Tome 17.

Sanderi. Gandavum. Bruxelles 1627.

Altmeier. Histoire des relations commerciales et diplomatiques des pays-bas avec le nord de l'Europe pendant le 16me siècle. Bruxelles 1810.

Guicardini. Beschreibung des Niederlands. Frankfurt a. M. 1582.

Dr. Sacher - Masoch. Der Aufstand in Gent unter Kaiser Karl V. Schaffhausen 1857.

W. Stirling. The cloister life of the emperor Charles the fifth. London 1852.

Im k. k. Staatsarchive zu Wien die Handschriften: Journal des troubles de la ville de Gand 1539. (Tagebuch des Hochbailli Schardau.) Discours des troubles advenus en la ville de Gand 1539. **Régistre des Dépêches** und einzelne Documente, vorzüglich **Briefe der Königin Maria.**

Nies'sche Buchdr. (Carl B. Lorck) in Leipzig.